왜
이순신은
백의종군
했을까?

33
역사공화국
한국사법정

교과서 속 역사 이야기, 법정에 서다

이순신 vs 선조

왜
이순신은
백의종군
했을까?

글 배상열 | 그림 조환철

|주|자음과모음

보통 '임진왜란'이라고 불리는 조선과 일본의 전쟁은 단순한 전쟁이 아니었습니다. 1592년부터 1598년까지 벌어졌던 이 전쟁의 결과 당사국인 조선과 일본은 물론 명나라를 중심으로 하는 동양의 역사가 완전히 바뀌게 되었거든요.

전쟁을 일으켰던 당사자인 일본은 도요토미 히데요시 정권이 무너지고 도쿠가와 이에야스가 권력을 잡은 뒤 오래도록 나라의 문을 닫아걸어야 했습니다. 또한 조선은 비록 무너지지는 않았지만 이루 말할 수 없을 정도로 엄청난 피해를 당해, 전쟁이 끝난 다음에도 국력을 회복하지 못하고 두 차례(정묘호란·병자호란) 침입해 온 청나라에 결국 항복해야 했습니다.

한편 조선을 도와 일본과 싸웠던 명나라도 전쟁 이후 여진족이 세운 청나라에 의해 멸망당합니다. 명나라의 통제력이 느슨해진 틈을 타 여진족이 분열된 부족을 통일하고 세운 청나라가 중국을 차지하고 조선까지 항복시켰으니, 임진왜란은 동양의 역사를 뒤바꿔 버린 아주 커다란 사건이었지요. 그런데도 그 출발이 임진왜란이라는 것을 모르는 사람이 의외로 많습니다.

역사에 가정은 없다지만, 만일 그때 조선에 이순신이 없었다면 역사는 전혀 달라지지 않았을까요? 조선을 손에 넣은 일본이 중국까지 거침없이 공격했을 것이고, 도요토미 히데요시는 일본 역사상 최고의 영웅이 되었을지도 모릅니다. 이런 가정을 하는 것조차 끔찍하지만, 만약 그랬다면 일본에 점령당한 우리는 그들의 말과 글을 쓰게 되었을 것이며, 세월이 흐름에 따라 자랑스러운 우리의 역사와 전통을 잊은 채 일본 사람으로 살았을 수도 있습니다. 그래서 저는 이 책에서 지난 역사와 지금 우리가 한민족으로서 누리는 삶은 이순신과 따로 떼어 존재할 수 없다는 것을 알려 주려 합니다.

'왜 이순신은 백의종군했을까?'를 읽고 나면 이순신이 전쟁에서 승리한 과정과 결과를 큰 틀에서 보다 상세히 이해할 수 있게 될 것입니다. 또한 교과서에서 배운 역사가 전부가 아니라는 사실과 함께, 이순신에 대해 그동안 알려진 것 가운데 잘못 알려진 부분에 대해서도 알 수 있을 것입니다. 이순신과 선조가 펼치는 이번 재판을 통해 독자 여러분이 새로운 역사를 만날 수 있기를 바랍니다.

배상열

차례

재판 첫째 날 왜 선조는 임진왜란을 막지 못했을까?

1592년 4월, 조선은 대비가 안 된 가운데 갑작스럽게 일본의 침략을 받게 된다. 전쟁이 일어난 지 20여 일 만에 한성이 함락되고 선조는 의주로 피란한다. 이렇게 조선에 불리한 전세를 바꾸어 놓은 것은 의병과 수군의 활약이었다. 이순신이 이끄는 수군은 옥포에서 처음 승리한 후 사천, 당포, 한산도 등에서 큰 승리를 거두었다.

중학교 역사

V. 조선의 성립과 발전
　4. 외세의 침략과 조선의 대응
　　(1) 일본의 침략과 조선의 대응

이순신이 이끄는 조선 수군은 일본과의 20여 차례의 크고 작은 전투에서 모두 승리하여 일본군에게 두려움의 대상이 되었다. 이순신이 이끄는 수군에는 돌격선인 거북선이 있었고, 강력한 위력을 가진 화포가 있었다. 또한 뛰어난 전략과 전술이 있어서 바다에서 승리할 수 있었다.

임진왜란이 일어났을 때 이순신이 이끄는 수군과 의병의 활동은 왜란 극복의 원동력이 되었다. 임진왜란과 뒤이은 정유재란까지 7년에 걸친 전쟁은 조선의 승리로 끝났지만, 가장 큰 피해를 입은 것 역시 조선이었다. 전쟁터였던 조선에서는 인구가 크게 줄고 농토도 황폐해졌다.

고등학교　　한국사

Ⅱ. 고려와 조선의 성립과 발전
　2. 유교 정치의 이상을 꽃피운 조선
　　(5) 동아시아 정세 변화로 왜란과 호란이
　　　　일어나다

임진왜란은 조선과 일본 간의 전쟁이었지만, 명나라가 원군을 파병함으로써 동아시아의 국제 전쟁으로 발전하였다. 전쟁 결과 동아시아 3국은 큰 변화를 겪었다. 조선은 생활이 피폐해졌고 중국에는 후금이 건국되었으며 일본도 정권 교체가 일어났다.

1506년	조선 제11대 중종 즉위
1510년	3포 왜란
1543년	백운동 서원 세움
1544년	조선 제12대 인종 즉위
1545년	조선 제13대 명종 즉위
1555년	을묘왜변
1567년	조선 제14대 선조 즉위
1592년	임진왜란 (~1598년) 한산도 대첩
1593년	행주 대첩
1597년	정유재란, 명량 대첩
1608년	조선 제15대 광해군 즉위

1517년   독일, 루터의 종교 개혁

1519년   마젤란의 세계 일주

1524년   독일, 농민 전쟁

1534년   잉카 제국 멸망

1536년   프랑스, 칼뱅의 종교 개혁

1562년   프랑스, 위그노 전쟁 (~1598년)

1590년   일본, 도요토미 히데요시의 패권 장악

1600년   영국, 동인도 회사 설립

1603년   일본, 에도 막부 성립

1616년   후금 건국

1644년   명나라 멸망, 청나라의 중국 통일

원고 **이순신(1545년~1598년)**

우리나라 역사에서 나만큼 유명한 장군도 드물걸요? 임진왜란 때 나는 왜적에 비해 상당히 불리했던 여건을 극복하고 우리 바다를 지켜 냈지요. 탁월한 전략과 번뜩이는 전술로 전투마다 모두 이겼고, 임진왜란 최후의 전투였던 노량 대첩을 승리로 이끈 뒤 장렬하게 전사했답니다.

원고 측 변호사 **김딴지**

역사공화국의 숨겨진 진실을 파헤치는 나, 김딴지 변호사! 나는 일반적으로 알려진 역사만이 진실이라고 생각하지 않아요. 임진왜란에 관련한 이번 재판을 통해 그동안 알려지지 않았던 역사의 진실을 알리는 데 힘을 쏟을 거예요.

원고 측 증인 **유성룡**

나는 임진왜란 때 나라를 지키기 위해 여러모로 애썼던 조선 중기의 문신이자 학자입니다. 이순신 장군의 능력을 알아보고 그를 관직에 추천한 적이 있지요. 그리고 왜적에 맞서 나라의 힘을 키울 방법을 고민했습니다. 임진왜란 당시의 이야기를 담은 『징비록』의 저자이기도 합니다.

원고 측 증인 **이원익**

나는 조선 중기의 문신으로 임진왜란이 일어나자 선조 임금을 호위하며 피란길에 나섰습니다. 그리고 전쟁으로 피폐해진 백성들의 고통을 줄일 수 있는 방법을 고민하다 여러 불합리한 조세 제도를 개혁했고 대동법의 실시를 주장했습니다.

원고 측 증인 **광해군**

조선 역사에서 나처럼 불행하게 왕의 자리에서 쫓겨난 사람도 없을 거예요. 패륜을 저질러 폐위되었다고는 하지만 사실 정치 싸움에 휘말린 것이 가장 큰 요인이었습니다. 임진왜란 때는 피란길에 오른 아버지 선조를 대신하여 조선 왕실을 지키려 애썼습니다.

피고 선조(1552년~1608년, 재위 1567년~1608년)

임진왜란을 이겨 낸 왕으로 유명한 조선의 제14대 임금 선조입니다. 내가 다스리던 때는 신하들의 당파 싸움이 치열해 매우 골치가 아팠어요. 그런 상황에서 왜적까지 침입해 와 이를 수습하느라 머리가 하얗게 셀 지경이었지요. 하지만 이내 정신을 차리고 또 침략당하지 않기 위해 여러 노력을 기울이며 복구 사업을 펼쳤답니다.

피고 측 변호사 이대로

역사공화국의 명변호사 이대로입니다. 임진왜란을 승리로 이끈 두 주인공, 이순신과 선조가 드디어 재판을 벌이는군요. 많은 논란이 예상되지만 선조가 당시 얼마나 많은 노력을 기울였는지 알리기 위해 두 팔을 걷어붙이겠습니다.

피고 측 증인 도요토미 히데요시

나는 일본을 통일하며 조선을 넘어 중국까지 정복하려는 원대한 야망을 갖고 있었지요. 그래서 1592년에 조선으로 쳐들어갔던 겁니다. 하지만 쉽게 생각했던 조선에서 의외로 고전하며 나는 모든 야심을 접어야 했습니다.

피고 측 증인 고니시 유키나가

임진왜란 당시 1차로 부산에 출격한 일본군 장수가 나올시다. 허약한 조선을 순식간에 점령하며 무서운 기세로 한양을 넘어 북쪽까지 올라갔지요. 화해해 보려고도 했지만 뜻대로 되지 않아 정유재란 때 다시 조선을 쳐들어갔어요.

피고 측 증인 원균

이순신의 영원한 라이벌로 알려진 원균입니다. 나도 그때 왜적에 맞서 목숨을 걸고 싸웠는데 이순신만 영웅으로 추앙받는 것이 못내 섭섭하긴 해요. 내가 이순신 대신 삼도수군통제사가 되었다가 몇 번 패했다고 그러는 거겠지요. 나는 이번 재판의 증인으로 그간 못다 한 이야기를 전해 줄 생각입니다.

"선조가 이순신 장군을 감옥에 가두었다고요?"

이곳은 역사 속 인물들이 살고 있는 역사공화국.

주로 억울한 이들의 변론을 맡아 온 김딴지 변호사는 하루도 거르지 않고 밀려드는 소송 서류에 도무지 쉴 틈이 없다. 임꺽정의 변론을 맡아 방금까지 문정왕후를 상대로 입씨름을 벌이고 법정에서 돌아오니 진이 다 빠져 자꾸만 잠이 쏟아졌다. 창밖에는 어느새 벚꽃이 꽃망울을 터뜨리며 흐드러지게 피어 있었다.

"휴, 시간 참 빠르군. 벌써 벚꽃이 활짝 피었네. 오늘이 몇 일이더라?"

이렇게 중얼거리며 잠시 창밖을 바라보던 김딴지 변호사는 자기도 모르게 소파에 머리를 기댄 채 스르르 잠이 들었다. 따뜻한 봄볕에 녹은 듯이 잠이 든 김딴지 변호사는 어느새 꿈을 꾸기 시작했다.

'어, 여기가 어디지? 푸른 바다에 섬들이 참 많기도 하네!'

꿈속에서 구름을 타고 두둥실 내려가 경상남도 통영에 도착한 김 딴지 변호사는 바다와 섬이 만들어 낸 아름다운 풍경에 온통 마음을 빼앗겼다. 그리고 오랜만에 둘러보게 된 지상 세계의 모습에 신이 나 부지런히 구경하기로 마음먹었다.

'그런데 이 동네에는 웬 이순신 장군 관련 기념비가 이렇게 많지?'

김딴지 변호사는 '모충공원'의 이순신 장군 동상을 바라보며 고 개를 갸우뚱했다. 동상만이 아니었다. 이순신 장군의 이름을 그대로 딴 '이순신공원'까지 있었다. 그때 의아해하는 김딴지 변호사 뒤에 서 갑자기 늠름한 남자의 목소리가 들려왔다.

"혹시 김딴지 변호사가 아니십니까? 허허, 여길 처음 와 보시나 보군요."

화들짝 놀란 김딴지 변호사가 뒤돌아보니 눈앞에 동상의 주인공 인 이순신 장군이 우뚝 서 있는 것이 아닌가!

"아니, 당신은 이순신 장군이 아니십니까?"

"그렇습니다. 내가 안 그래도 김 변호사를 찾아갈 생각이었지요. 소 송을 걸 일이 있어서요. 여기서 이렇게 만나게 되니 참 반갑습니다. 이 곳은 내가 400여 년 전에 왜적에 맞서 용감히 싸웠던 그 바다이지요."

"여기서 싸우셨다고요?"

"네. 이 앞에서 그 유명한 한산도 대첩이 일어났거든요. 이렇게 시 간이 한참 흘러 평화로운 통영을 보니 무척 감격스럽네요. 허허."

김딴지 변호사는 어안이 벙벙했다. 이순신 장군은 말을 이었다.

"사실 나는 임진왜란 당시 조선의 임금이었던 선조에 대해 할 말이 참 많습니다. 많은 백성들이 왜적에 짓밟히고 국토가 황폐해지자 선조 임금은 나라를 버리고 명나라로 피신하려고 했거든요. 게다가 나의 애국심과 충절은 몰라주고 원균을 비롯한 조정의 몇몇 신하들의 말만 듣고 나를 관직에서 쫓아내고 감옥에 가두기까지 했답니다."

"네? 정말 그런 일이 있었나요?"

"그렇습니다. 후손들이 지금 이렇듯 나를 기억해 주고 있기는 하지만, 그때 못다 한 말을 이제라도 하고 싶군요. 김 변호사가 나를 도와주시겠습니까?"

"이순신 장군께서 제게 의뢰하신다면 저야 영광이지요! 그럼 소장은 준비하셨나요?"

"물론이지요."

이순신 장군은 흐뭇한 표정으로 말했다. 그리고 통영 앞 한산도로 가는 배를 가리키며 말을 이었다.

"김 변호사, 그럼 고마움의 표시로 당시 치열한 전투가 벌어졌던 한산도 앞바다를 보여 드려도 괜찮겠습니까?"

"물론입니다! 장군님의 안내를 받으며 한산도를 둘러볼 수 있다니 정말 영광입니다!"

항구 앞 분식집에서 충무김밥을 도시락으로 준비한 김딴지 변호사는 들뜬 마음으로 배에 올라탔다. 이순신 장군은 팔을 뻗어 이곳저곳을 가리키며 학의 날개처럼 적의 함대를 감쌌던 학익진 전술을

설명했다. 이순신 장군의 생생한 이야기와 더불어 아름다운 풍경을 바라보고 있자니 김딴지 변호사는 입을 다물 수가 없었다.

"해마다 4월 28일에는 충청남도 아산의 현충사에서 나의 탄생을 기념하는 행사가 열립니다. 아산은 나의 외가가 있던 곳이기도 하지요."

"아, 그렇군요!"

임진왜란 당시 나라의 운명을 건 치열한 전투가 펼쳐졌던 곳이라고는 믿기지 않을 만큼 빼어난 풍광이었다. 수많은 섬들이 드문드문 떠 있는 바다 위로 붉은 태양이 지며 세상은 어느덧 주홍빛으로 물들고 있었다. 노을 속으로 빨려들어 가듯 아름다운 빛깔에 취한 바로 그 순간!

'따르르릉!'

귀를 울리는 벨 소리에 김딴지 변호사는 퍼뜩 잠에서 깨어났다.

'어휴, 모처럼 단잠에 빠졌는데 대체 누구람?'

투덜대며 휴대폰을 더듬어 찾는 김딴지 변호사의 손끝에 웬 서류 봉투가 만져졌다.

'어라, 이게 뭐지? 의뢰인 이순신, 김딴지 변호사 앞?'

급히 봉투를 뜯으니 그 안에는 이순신 장군이 작성한 소장이 들어 있었다!

'아니, 이게 언제 여기 도착했지? 그럼 아까 꾼 꿈이 진짜였단 말이야?'

어리둥절한 표정으로 주위를 둘러보는 김딴지 변호사의 눈에 '4

월 28일 충무공 탄신일'이라고 적힌 달력이 눈에 떠었다. 머릿속에 뭔가 반짝하고 불이 켜지는 것 같았다. 김딴지 변호사는 무언가에 홀린 듯 정신없이 봉투를 뜯었다. 이내 예리한 눈빛으로 소장을 읽기 시작한 김딴지 변호사의 등 뒤로 창밖에는 하얀 벚꽃이 꽃비가 되어 봄바람에 흩날렸다.

임진왜란의 시작과 끝

조선은 나라가 세워지고 난 뒤 큰 전쟁이 한 번도 일어나지 않아 평화로운 상태였습니다. 그래서 군사들은 훈련을 게을리했고 국방력은 약해질 대로 약해졌지요. 당시 일본은 약 100년 동안 계속된 내란 끝에 1587년 도요토미 히데요시가 나라를 통일하면서 큰 변화를 겪게 됩니다. 도요토미 히데요시는 내부 세력의 불만과 경제적인 어려움을 해소하기 위해 전쟁을 일으킬 결심을 하게 되지요. 결국 1592년 4월, 준비를 마친 일본은 조선을 침략해 옵니다. 이것이 바로 '임진왜란'의 시작이지요.

조선 군대는 일본 군대의 조총 앞에 맥없이 무너졌고 선조는 평양으로 피란을 떠나게 됩니다. 일본 군대는 조선에 온 지 20일 만에 수도 한양을 점령하고 빠르게 북쪽으로 진격하고 있었지요. 물론 충주성의 신립, 의병을 일으킨 곽재우 등이 결사적으로 일본군을 막았지만 전세를 뒤엎을 수는 없었어요.

육지에서 이렇게 어려움을 겪고 있던 때 전라좌도에는 바다의 군대를 이끄는 수군절도사 이순신이 있었습니다. 이순신은 나대용과 함께 거북선을 만들고 있었지요. 이들은 거북선을 앞세워 일본의 군대를 무찌르기 시작합니다. 특히 한산도 앞바다에서는 70척이나 되는 일본 함대 중 59척을 격파함으로써 큰 승리를 거두게 되지요.

이렇게 조선 수군이 승리를 거두고 있다는 소식이 알려지자 육지에서 싸우던 관군과 의병도 사기가 높아집니다. 마침내 명나라에서 보낸 지원군과 연합한 관군이 일본 군대에게서 한양을 되찾는 데 성공하게 됩니다. 이 일로 궁지에 몰린 일본은 휴전을 제안하고 조선 역시 명나라의 강력한 요구로 휴전 협상을 하게 되지요. 하지만 3년이나 계속되던 휴전 교섭은 결국 실패로 돌아가고 1597년 일본이 다시 조선을 침략하지요. 이를 '정유재란'이라 합니다. 일반적으로 임진왜란이라고 하면 1592년에 일어난 전쟁과 1597년에 일어난 전쟁을 함께 일컫습니다.

피란을 떠나는 그림

| 원고 | 이순신 | 대리인 | 김딴지 변호사 |
| 피고 | 선조 | 대리인 | 이대로 변호사 |

청구 내용

나, 이순신은 1592년에 왜적(일본)의 침입으로 임진왜란이 발발하자 혼신의 힘을 다해 나라와 민족을 구했습니다. 하지만 당시 조선의 왕이었던 선조는 임금으로서 나라의 어려움을 적극적으로 헤쳐 나가려 하지 않았습니다. 오히려 나를 비롯한 충신을 죽이려 하거나 제거하는 바람에 왜적에게 유리한 상황을 만들었습니다. 전쟁이 일어나기 전에는 조선을 멍들게 하여 나라가 힘을 잃게 만들었고, 침략해 온 왜적에게 거저 길을 내주다시피 하였습니다. 전쟁이 일어난 다음에는 도망가기 바빴으며 심지어 나라와 백성을 버리려고까지 하였으니 도저히 한 나라의 왕이라고 할 수 없습니다.

나를 비롯한 수많은 백성들의 활약과 희생 덕분에 1차 전쟁(임진왜란)을 승리로 이끌었음에도 선조 임금은 위기를 수습할 생각을 하지 않고 있다가, 2차 전쟁(정유재란)이 벌어지자 큰 공을 세웠던 나를 백의종군하게 하고 원균을 내 자리에 대신 앉히는 바람에 하마터면 임진년에 이어 나라가 망할 뻔했습니다. 선조 임금은 조선의 왕이라는 직분을 까맣게 잊고 적에게 이득이 되는 쪽으로 움직였으며 나를 비롯한 충신들을 박해하거나 죽였으니 나라를 망하게 할 뻔한 죄가 매우

큽니다. 이에 나는 선조 임금을 직무 태만과 명예 훼손죄로 고소하고
자 합니다.

입증 자료

- 『조선왕조실록』
- 『이충무공전서』
- 『난중일기』
- 『징비록』
- 『국방부 발간 전쟁통사』
  그 외 자료 추후 제출하겠음.

위 청구인 이순신

역사공화국 한국사법정 귀중

왜 선조는 임진왜란을 막지 못했을까?

교과연계

역사
V. 조선의 성립과 발전
  4. 외세의 침략과 조선의 대응
    (1) 일본의 침략과 조선의 대응

1 엇갈린 전쟁 예측

    거북선을 만든 임진왜란의 영웅 이순신! 우리나라 사람이라면 모르는 사람이 없을 만큼 유명한 이순신 장군이 임진왜란 당시 조선의 왕이었던 선조를 고소하여 재판을 벌인다는 소문이 역사공화국 안에 쫙 퍼졌다.

    "아니, 이순신 장군이 선조 임금을 고소했다고?"

    "그렇다네! 임진왜란을 함께 이겨 낸 두 사람 사이에 대체 무슨 일이 있었던 거지?"

    "수백 년 동안 영웅으로 칭송받아 온 이순신 장군에게도 억울한 사연이 있었다는 게 신기해."

    사람들은 저마다 호기심을 갖고 한마디씩 주고받으며 재판이 열리는 법정 앞으로 모여들었다. 조선 시대의 전기와 후기를 가르며 역사의 한 획을 그은 임진왜란을 함께 극복한 두 사람이 대체 어떤 할 말이 남아 있기에 이렇게 법정에 마주 섰을까? 한 장면도 놓치기 아깝다는 듯 방청객들은 숨을 죽이고 재판이 시작되기를 기다렸다.

왜적
오래전에 우리나라에서 일본 사람들을 적대시하며 얕잡아 볼 때 썼던 표현입니다.

곧이어 이 흥미진진한 재판의 주인공인 원고 이순신과 김딴지 변호사, 피고 선조와 이대로 변호사가 자리에 앉았다. 이순신과 선조는 불편한 얼굴빛으로 서로를 바라봤다. 이순신은 곧 전쟁터에라도 나갈 듯 결연한 표정이었고, 선조는 왕으로서 신하에게 고소를 당한 게 무척 곤혹스러운 듯 보였다. 잠시 후 판사가 들어서자 모두들 소란을 멈추고 재판의 시작을 지켜보았다. 예리한 눈빛의 여성 판사가 입을 열었다.

판사 지금부터 이순신 대 선조의 재판을 시작하겠습니다. 이번 재판은 조선의 장군 이순신이 임진왜란 당시의 임금 선조를 고소한 사건입니다. 원고 측 변호인은 우선 소송의 내용과 이유를 설명해 주시기 바랍니다.

김딴지 변호사 이번 재판은 임진왜란을 배경으로 하고 있습니다. 간단히 말씀드려 1592년 일본이 조선을 침략했던 것에 관해서입니다. 그리고 1597년의 2차 침입이었던 정유재란까지 함께 묶어 이를 '조일 전쟁'이라 부르기도 합니다. 엄연한 국가 대 국가의 전쟁이었으니까요.

다들 아시다시피 원고 이순신은 온몸을 던져 왜적에 맞서 싸워 나

의주

현재 북한의 평안북도에 있는 지역입니다. 중국과의 국경에 접해 있지요.

라를 지켰습니다! 하지만 피고 선조는 당시 조선의 임금으로서 나라를 구할 생각은 하지 않고 의주까지 도망가는 무책임한 모습을 보였습니다! 그뿐만이 아닙니다. 전쟁을 승리로 이끈 원고의 공을 높이 평가하기는커녕 오히려 박해하고 관직에서 내쫓은 뒤 그 자리에 부족한 인물을 대신 앉혀 나라를 또 한 번 위기에 빠뜨리기도 했습니다. 이러니 어찌 이순신이 선조를 고소하지 않을 수 있겠습니까?

"아니, 선조가 임진왜란의 영웅 이순신을 내친 적이 있다는 거야?"
"흠, 이래저래 왕의 체면이 말이 아니겠는걸!"
김딴지 변호사의 첫 발언을 들은 사람들이 그새를 참지 못하고 또 한마디씩 거들기 시작했다. 원고석의 이순신은 그동안 못다 한 이야기가 많았는지 가슴을 주먹으로 치며 두 눈을 지그시 감아 버렸다.

김딴지 변호사   이미 소장에 적은 바와 같이 피고 선조는 임진왜란이라는 나라의 위기 상황에서 조선의 왕으로서는 결코 해서는 안 될 행위를 수없이 저질렀습니다! 피고가 제대로 행동했다면 전쟁은 일어나지 않았을 수도 있으며, 설령 일어났다고 해도 피해를 최소화할 수 있었습니다.

판사   임진왜란의 책임이 피고에게 있다는 뜻인가요?

김딴지 변호사   그렇습니다. 피고가 왕으로서의 의무를 소홀히 하는 바람에 조선이 일본의 침략을 당하게 되었으니 임진왜란의 책임

명나라
1368년 중국 땅에 세워진 통일 왕조로, 원나라 세력을 물리치고 건국되었다가 1644년 멸망했지요. 우리나라 역사에서 조선 전기와 중기에 해당됩니다.

무인
무예를 닦아 무관의 직에 있는 사람을 말합니다. 문관의 직에 있는 문인, 문신과 대비되는 개념이지요.

은 사실상 피고에게 있습니다. 또한 피고는 전쟁이 일어난 다음 어떻게든 수습할 생각은 하지 않고 오히려 나라와 백성을 버리고 명나라로 도망치려 하였습니다. 이러한 이유로 피고 선조에 대해 직무 태만과 명예 훼손으로 소송을 제기하오니 부디 현명한 판결을 내려 주십시오.

판사 소송의 이유는 잘 알았습니다. 그럼 먼저 원고 이순신에게 묻겠습니다. 원고는 1545년에 태어나 32세에 무인으로 첫 관직에 올랐고 47세이던 1592년에 임진왜란을 맞아 왜적을 상대로 여러 차례 큰 승리를 거두며 조선의 남쪽 바다를 지킨 공을 세웠습니다. 맞습니까?

이순신 네, 맞습니다. 처음에는 주로 낮은 관직에 있다가 점차 무인으로서의 능력을 인정받아 나중에는 매우 파격적인 승진을 했습니다. 재판에서 앞으로 계속 설명되겠지만, 당시 나는 여러 전투를 승리로 이끌다 1598년 노량 대첩 때 장렬히 전사하여 역사공화국의 영혼이 되었습니다. 그때 내가 "나의 죽음을 알리지 말라!"라고 비장하게 남겼던 유언이 현재도 전해지고 있습니다.

판사 그럼 이번에는 피고 선조에게 묻겠습니다. 피고는 조선의 제14대 왕으로 1552년에 태어나 1608년에 사망했습니다. 왕으로서의 재위 기간은 1567년부터 죽은 해까지였고요. 맞습니까?

선조 흠흠. 맞습니다. 나는 임진왜란을 극복한 왕으로 유명하지요. 감히 임금인 나하고 재판을 벌이겠다고 나선 이순신이 괘씸하기는 하지만, 임진왜란을 겪은 조선의 국왕으로서 역사적 책임감을 갖고 그때의 일을 밝히고자 합니다. ▶내가 임금으로 있던 때는 정치인들이 서로 뜻이 맞는 사람들끼리 뭉치며 당파를 만들기 시작해서 참 힘들던 시기였습니다. 게다가 왜적의 침입까지 이겨 내야 했으니, 나처럼 고생한 왕도 드물 겁니다. 에휴!

판사 그렇군요. 그러면 이번에는 피고 측 변호인, 방금 원고 측이 밝힌 소송의 이유에 대해 반론할 것이 있습니까?

이대로 변호사 물론입니다! 존경하는 판사님, 그리고 배심원 여러분, 원고 측의 주장은 전혀 근거 없는 억측에 불과합니다.

판사 왜 그렇지요? 자세히 말해 보세요.

이대로 변호사 일단 전쟁이 발생한 당시의 여러 상황을 짚고 넘어갈 필요가 있습니다. 조선뿐만이 아니라 일본과 명나라까지 얽히고 설킨 복잡한 배경이 있었습니다.

당시 조선은 오래도록 평화가 유지되었기 때문에 왜적에 맞서 전쟁할 준비가 되어 있지 않았습니다. 게다가 일본이 정말 침략하리라고는 생각하지 못했습니다. 그런 상태에서는 누가 왕이었다고 해도 대처하기가 쉽지 않았을 겁니다.

판사 왕과 조정 대신들 모두 협력하여 전쟁을 예상하고 준비하지는 못했습니까?

이대로 변호사 판사님, 조선이 실은 왕의 힘이 그리 강하지 않은 나라였다는 것에 우리는 주목해야 합니다! 당시

당파

조선 시대에는 정치 세력 집단으로 '붕당(朋黨)'이 있었는데, 당파란 이 안에서 정치적 입장에 따라 다시 나뉜 파벌을 의미합니다.

조정

옛날에 왕이 신하들과 함께 나랏일을 의논하던 곳을 말합니다.

교과서에는

▶ 선조 즉위 후 그동안 향촌에서 기반을 다져 오던 사림 세력이 중앙 정계로 진출하게 되면서 큰 영향력을 발휘하게 되었습니다. 그리하여 이들 신진 사림은 선조 이전 시대인 명종 때부터 정권에 참여해 온 기성 사림들과 정치적, 학문적으로 대립하게 되었지요. 이러한 대립에서 '붕당'이 만들어졌습니다.

왕이면 뭐든지 다 할 수 있었을 것 같지요? 사실 그렇지만도 않았습니다.

결정적으로 조선을 움직이는 사람은 왕이 아닌, 과거에 급제하여 높은 자리에 오른 관리들이었습니다. 그들은 서로 파벌을 형성했어요. ▶관리들의 파벌을 당파라고 부릅니다. 이 당파가 막강한 권력을 행사했으며, 설령 왕이라고 해도 그들의 뜻을 무시할 수 없었지요. 그러므로 당시 당파를 이뤄 정치 싸움을 하는 데에만 정신이 팔려 국제 정세를 제대로 파악하지 못했던 조정 관리들에게 임진왜란의 책임이 있다는 것은 상식에 가깝습니다. 근거를 보여 드릴까요?

이대로 변호사의 열띤 반박에 법정 안의 긴장감은 더욱 높아졌다. 이대로 변호사는 숨이 찬지 물을 한 모금 마신 뒤 가방에서 서류를 꺼내 들었다.

교과서에는

▶ 원래 붕당은 신하들끼리 모여 정파를 이룬 것이어서 왕권이 강했던 조선 초기에는 용납될 수 없었습니다. 하지만 16세기에 이르러 왕권이 약화되고 사림에 의한 정치가 펼쳐지면서 붕당이 생겼고, 이들 붕당 간의 다툼이 벌어졌습니다.

이대로 변호사 이것은 임진왜란이 일어나기 직전에 일본의 사정을 알아보기 위해 보냈던 신하들이 돌아와 선조에게 올린 보고서입니다. 보고서에 대해 가장 잘 알고 있는 피고에게서 직접 그 내용을 상세히 들어 보는 건 어떨까요?

판사 피고가 임진왜란이 일어나기 전에 일본으로 신하를 보냈다고요? 그거 참 흥미롭군요. 피고, 이 부분에 대해 직접 설명해 주시겠어요?

선조　흠…… 임진왜란이 일어나기 얼마 전부터 일본의 도요토미 히데요시가 일본을 통일하고는 매우 심상치 않게 행동한다는 소식이 들려왔습니다. 그래서 나는 일단 일본으로 사신을 파견하여 상황을 알아보려 했습니다. ▶사신을 파견했던 건 임진왜란이 일어나기 2년 전인 1590년 3월 6일이었지요. 그때 보낸 사신은 황윤길과 김성일이었습니다. 하지만 두 사람은 일본으로 출발한 지 1년 만에 돌아와서 완전히 엇갈린 의견을 내놓았답니다.

이대로 변호사　어떻게 엇갈렸지요?

선조　황윤길은 '도요토미 히데요시가 실로 대단한 인물이며 반드시 조선을 쳐들어올 것이다'라고 보고한 반면, 김성일은 '그는 인물 됨이 작아서 절대 쳐들어오지 못할 것'이라고 보고했습니다.

이대로 변호사　기껏 사신을 보내 알아보게 했는데 두 사람이 그렇게 엇갈린 보고서를 올리니 전혀 도움이 되지 않았겠군요?

선조　휴, 그렇지요. 차라리 보내지 않은 것만 못했습니다. 신하들은 매사가 그랬으니까요.

이대로 변호사　피고의 막막한 심정이 이해가 되네요! 그런 답답한 일이 벌어지게 된 것은 사실 그들의 당파가 달랐던 것 때문이 아니었나요? 그때가 조선에서 당파 싸움이 막 일어나기 시작했던 때였고 두 사람의 당파가 달랐다는 점을 감안하면 그렇게 짐작해 볼 수 있습니다. 아무래도 나라의 이익보다는 자신들이 속한 당파의 이익을 위해 서로

교과서에는

▶ 15세기에 비교적 안정되었던 일본과의 관계는 16세기에 이르러 많이 악화되었습니다. 이에 조선에선 '비변사'를 설치하여 군사 문제를 다루게 했고, 일본에 사신을 보내어 정세를 살펴오게 하기도 했습니다. 하지만 일본 정세에 대한 인식에서도 붕당 간에 의견 차이가 발생하여 국론이 일치되지 않았고, 그 결과 이에 대한 적극적인 대책을 마련할 수 없었지요.

신경전을 벌였겠지요. 이 점에 대한 피고의 생각은 어떻습니까?

선조　에휴, 신하들이 당파로 갈라져 싸운 것이 어제 오늘의 일은 아니었습니다. 현대의 지상 세계에서도 정치인들이 편을 갈라 싸운다는데, 예나 지금이나 나랏일을 하는 사람들이 당파 싸움에만 열중하고 민생은 뒷전이면 끝내 나라를 망치고 말지요!

선조의 말을 듣자 이대로 변호사가 의기양양한 표정으로 판사를 향해 몸을 돌렸다.

이대로 변호사　존경하는 판사님! 피고의 발언을 잘 들으셨나요? 피고는 모든 책임을 져야 하는 왕으로서 최선을 다하려 했지만 저렇게 신하들이 편을 갈라 싸우는 통에 아무런 조치를 취할 수 없었습니다.

선조　난 나름대로 다가올 전쟁에 대비하기 위해 성과 요새를 보수하고 군사를 훈련시키면서 무기를 만들라고 지시하는 등 할 수 있는 준비는 다했습니다! 흠흠.

이대로 변호사　맞습니다. 그리고 핵심적인 부분이 있습니다. 원고 측은 소장과 진술을 통해 원고가 아니었다면 나라가 망했을 것이라고 자화자찬(自畵自讚)하고 있지만, 지방의 말단 사또에 지나지 않던 원고를 전라좌도 수군절도사에 임명한 사람이 대체 누구였습니까?

바로 피고 선조였습니다!

선조　　당시 정읍 현감에 불과했던 이순신을 무관의 최고 자리라 할 수 있는 전라좌수사로 앉힌 게 바로 나요! 사실 이제 와서 말이지만 당시 신하들의 반대가 심했습니다. 그럼에도 온갖 반대를 무릅쓰고 이순신을 뽑아 썼으니 내 덕분에 공을 세울 기회를 가졌던 거지요. 사실이 이런데도 임진왜란의 모든 책임을 나에게 돌리는 이순신의 행위는 너무나 배은망덕하고 괘씸할 뿐입니다!

이대로 변호사　　게다가 원고 측의 주장은 진실을 왜곡하는 동시에 피고의 인격을 심각하게 훼손하고 있습니다. 오늘 재판에서 누가 역사를 왜곡하고 명예를 훼손하였는지 판사님과 배심원 여러분이 현명하게 판단하여 주실 것을 믿습니다!

"후훗, 선조와 이대로 변호사는 환상의 짝꿍이네요."
"죽이 잘 맞는군. 갈수록 흥미진진한데."
분위기에 힘을 얻은 이대로 변호사가 다시 말을 이었다.

이대로 변호사　　흠. 어쨌든 선조가 당시 왕이었기 때문에 임진왜란에 제대로 대비하지 못한 도의적인 책임이 있는 것은 분명 사실입니다. 이 점을 인정하지 않는 것은 아닙니다. 전쟁이 일어난 다음 조선이 형편없이 밀리고 수많은 백성들이 고통을 당한 것은 매우 불행한 일입니다. 하지만 선조에게 모든 책임을 물을 수는 없습니다. 이미 그 이전부터 나라는 극히 어지럽고 백성의 삶은 어려웠습니다.

판사   임진왜란 이전부터 나라가 어지러웠다고요?

이대로 변호사   그렇습니다. 다시 한 번 말씀드리자면 피고 선조는 조선의 제14대 왕입니다. 제10대 왕이었던 연산군이 폭정을 하는 바람에 나라가 어려움에 빠졌고, 뒤이어 제11대 중종이 연산군을 몰아내고 즉위했지만 연산군이 남긴 상처를 모두 복구할 수는 없었습니다. 제12대 인종은 즉위한 지 불과 8개월 만에 요절하였고, 제13대 명종 역시 어머니인 문정왕후의 수렴청정과 외척들로 인해 제대로 일을 하지 못했습니다.

그래서 중종 대에는 불과 1000명도 되지 않는 왜적들이 일으킨 변란도 겨우겨우 진압했으며, 명종 대에는 임꺽정이라는 도적이 몇 년이나 세상을 어지럽혀도 체포하지 못할 지경이었습니다.

판사   나라의 기강이 많이 흐트러져 있었군요.

이대로 변호사   네, 맞습니다. 그런 나라를 물려받은 피고는 나름대로 열심히 노력하여 어느 정도 성과도 거두었지만 망가질 대로 망가진 국력을 회복하기는 어려웠답니다. 이런 상황에서 오랫동안 전쟁을 치른 끝에 통일에 이른 일본의 엄청난 대군을 어떻게 막아 낼 수 있었겠습니까? 누가 왕이었다 한들 이런 역사의 물줄기를 어떻게 바꿀 수 있었을까요?

이대로 변호사가 물 흐르듯 매끄럽게 주장하자 이순신을 응원하

문정왕후
중종의 왕비로 자신의 아들인 명종이 12세 때 왕이 되자 대신 정치를 맡아 권력을 잡았습니다. 이때 문정왕후의 동생인 윤원형을 비롯한 외척 일파가 크게 세력을 얻었지요.

수렴청정
너무 어린 나이에 왕이 되었을 때 어머니인 왕대비가 왕을 도와 나랏일을 보는 것을 말합니다.

임꺽정
조선 명종 때의 백정 출신 의적입니다. 황해도와 경기도 일대에서 백성을 괴롭히는 관리들을 죽이고 그 재물을 빼앗아 가난한 백성들에게 나누어 주다 결국 붙잡혀 처형되었지요.

던 사람들까지 고개를 갸웃할 정도였다. 이에 원고 측의 김딴지 변호사가 굳은 얼굴로 강하게 발언을 요청했다.

김딴지 변호사　이의 있습니다, 판사님! 지금 피고 측 변호인은 사실을 교묘하게 왜곡하여 피고에게 동정적인 여론을 형성하고 있습니다!

판사　구체적으로 어느 부분이 왜곡되었다는 것인가요?

김딴지 변호사　▶중종부터 명종 때까지 시대가 혼란스러웠던 건 맞습니다. 공신과 외척 등의 신하들에게 왕들이 상당히 많이 시달렸지요. 그러나 피고의 시대는 전혀 달랐습니다.

여기서 잠깐 피고에게 질문하겠습니다. 피고의 시대에는 공신과 외척이 사라지고 사림 세력이 본격적으로 등장하지 않았습니까? 그들은 과거에 급제하여 충분히 나라를 이끌 실력을 갖추고 있었지만 오랫동안 공신과 외척에게 눌려 있던 새로운 물결이었지요. 퇴계 이황과 율곡 이이 등 엄청난 실력을 갖춘 사림 세력이 수십 명이나 등장한 것으로 아는데요. 그렇지 않습니까?

김딴지 변호사의 날카로운 추궁에 선조가 마지못해 고개를 끄덕였다.

김딴지 변호사　당시 나타난 사림의 세력과 자질은 역사를 통틀어도 찾아보기 어려울 정도였으며 그런 인재들의

교과서에는

▶ 연산군을 반정으로 내쫓고 왕이 된 중종은 사림을 등용하여 유교 정치를 일으키려 했지만 자신을 왕으로 추대한 공신들의 반발에 부딪혀 실패하고 말았습니다. 명종 때는 왕실의 외척인 척신들이 정권을 손에 쥐어 왕권이 많이 약화되었지요.

도움을 받을 수 있었다는 것만으로도 피고는 엄청난 행운을 누린 셈이지요.

그런데 피고가 즉위한 지 25년째인 1592년에 임진왜란이 일어났습니다. 그런 인재들의 도움을 받으며 무려 25년이나 나라를 이끌었는데도 전쟁에 대처한 모습은 어땠습니까? 훌륭한 선비들의 도움을 받으며 제대로 나라를 다스렸다면 초반에 그렇게 형편없이 밀리지는 않았을 것입니다. 그런데 피고 대에 나라를 말아먹는 당파 싸움이나 일어나고 있었으니 참으로 한심하기 짝이 없습니다. 대체 왕 노릇을 어떻게 했기에 그런 일이 벌어진 것입니까?

이대로 변호사　　판사님, 이의 있습니다! 지금 원고 측 변호인은 피고의 인격을 모독하고 있으며 인신공격을 일삼고 있습니다.

판사　　받아들이겠습니다. 원고 측 변호인은 발언을 좀 더 신중히 해 주시기 바랍니다.

김딴지 변호사　　네, 주의하겠습니다. 하지만 제가 말씀드린 것에는 거짓이 없습니다.

2

나라를 위기에 빠뜨린 당파 싸움

판사　　그런데 한 가지 짚고 가야 할 게 있는데요, 원고 측 변호인은 자꾸 조선이 초반에 일본에게 형편없이 밀렸다고 하는데 그 근거가 어디에 있습니까?

김딴지 변호사　　그럼 본격적으로 그 얘기를 시작하겠습니다. 임진왜란이 일어난 것은 선조 25년인 1592년 4월 13일이었습니다. ▶그날 도요토미 히데요시가 보낸 일본군 선발대가 부산 앞바다에 도착했지요. 그리고 다음 날인 4월 14일에 상륙하여 본격적인 전쟁이 시작되었습니다. 그런데 조선의 수도인 한양이 일본군에게 점령당한 것은 5월 3일이었습니다.

판사　　아니, 그럼 20일도 채 안 되는 시간 아닙니까?

김딴지 변호사　　그러니까 말입니다! 조선이 일본에 비해 전쟁 준비가 안 되어 있었다고는 하지만 200년 이상을 유지한 국가인데 어떻게 전쟁이 벌어진 지 겨우 20일 만에 수도를 빼앗길 수가 있습니까? 게다가 일본군은 거의 전부가 보병인데 당시의 조선은 지금처럼 좋은 도로도 없었고 강에 다리도 놓여 있지 않아 빠르게 이동하기도 어려웠습니다.

　이런 상황에서 조선의 지형도 길도 익숙하지 않은 일본의 보병들에게 불과 20일 만에 수도를 빼앗겼다는 게 너무 어이없지 않습니까? 길을 안내해 준 사람이 따로 있었던 게 아니었나 싶을 정도입니다. 피고가 왕 노릇을 제대로 했다면 이렇게 초반부터 형편없이 밀렸겠습니까?

선발대
전체 중에서 먼저 출발하는 부대나 무리를 말합니다.

한양
한양은 서울의 옛 이름입니다.

보병
주로 걸어서 이동하며 소총을 들고 땅 위에서 싸우는 육군 병사를 보병(步兵)이라 합니다. 바다에서 싸우는 수병(水兵), 해병(海兵)과 대비되는 개념이지요.

　김딴지 변호사는 흥분을 감추지 못하고 주먹으로 가슴을 쳤다. 방청석이 술렁이기 시작하자 선조의 표정이 딱딱하게 굳어졌고 당황한 이대로 변호사가 벌떡 일어서서 입을 열었다.

이대로 변호사　　잠시만요! 중요한 것은 선조가 전쟁을 승리로 이끌었다는 겁니다! 처음에는 작전을 짜느라 좀 그랬던 것이고, 에, 그러니까 원고 측의 주장은 본 소송의 본질과는 아무런 관련이……

판사　　피고 측 변호인은 발언 순서를 기다리세요. 원고 측 변호인, 계속하세요.

김딴지 변호사　　하하. 감사합니다, 판사님. 당시 조선이

교과서에는

▶ 일본은 내부적 혼란을 수습하여 통일한 뒤 철저한 준비 끝에 20만의 대군으로 1592년에 조선을 침략해 왔습니다. 전쟁에 미처 대비하지 못한 조선은 전쟁 초기에 왜군을 효과적으로 막아낼 수 없어 큰 어려움을 겪었지요.

초반부터 이렇게 힘없이 무너진 원인을 찾으려면 임진왜란이 일어
나기 3년 전의 상황부터 살펴야 합니다.

판사   무슨 일이 있었나요?

김딴지 변호사   1589년에 발생한 어느 반역 사건이 문제였습니다.
역사에 '정여립의 난' 또는 '기축옥사'라고 기록된 사건입니다. ▶정
여립이 왕조를 뒤엎고 스스로 왕이 되려 했다는 혐의로 처형된 사건

을 말합니다. 그런데 이 일로 정여립과 가깝다는 이유 하나로 같이 처형된 사람들이 많았다는 겁니다. 사실 이건 당파 싸움으로, 당시 정치가들은 서로 상대편을 제거하기 위해 모함하고 죽이며 조정에 피바람을 일으켰습니다. 이 일로 조정이 쑥대밭이 된 건 말할 것도 없고요. 임진왜란 불과 3년 전에 전쟁을 예측하고 대비할 생각은 하지 않고 이렇게들 서로 싸웠으니 전쟁에서 초반에 무너진 것도 무리는 아니었습니다.

모함
나쁜 꾀를 내어 남을 어려운 처지에 빠지게 하는 것을 말합니다.

판사님, 그래서 당시 상황을 좀 더 구체적으로 알려드리기 위해 유성룡을 증인으로 신청하려고 합니다.

판사 흠. 그런데 사건 당사자로서 반란을 일으키려 했던 정여립을 증인으로 신청하지 않은 이유는 무엇입니까?

김딴지 변호사 저도 그러려고 했습니다만 정여립이 그때 처형당한 일로 아직도 마음의 상처가 너무 커서 도저히 법정에 나올 수가 없다며 증언을 거부하는 바람에 저도 어쩔 수가 없었습니다. 그래서 유성룡을 대신 증인으로 신청합니다. 유성룡은 당시 사건을 가장 가까이에서 지켜봤기 때문에 충분히 증언할 수 있을 것으로 판단했습니다.

판사 원고 측의 증인 신청을 받아들이겠습니다.

잠시 후 유성룡이 나타났다. 50대의 나이로 키가 크고 풍채가 좋으며 특히 맑고 깊은 눈빛이 인상적인 유성룡이 증인석에 서자 방청객들의 시선이 집중되었다. 유성룡이

교과서에는

▶ 정여립 모반 사건은 1589년에 전주 사람 정여립이 역모를 꾸몄다고 하여 일어난 사건입니다. 이 사건으로 호남 지역은 반역을 일으키는 지역이라고 낙인 찍혀 이후 이 지역 출신의 중앙 정계 진출이 급격히 제한되게 됩니다.

차분한 음성으로 증인 선서를 하고 자리에 앉았다.

김딴지 변호사   증인, 나와 주셔서 정말 감사합니다. 증인은 조선 역사상 학식과 관리로서의 능력이 가장 뛰어난 사람 가운데 하나로 손꼽히고 있습니다. 특히 원고 이순신과는 어렸을 때부터 친분이 두터웠으며 원고의 능력을 알아보고 후원을 아끼지 않았다고 들었습니다. 원고가 역사에 길이 남을 공을 세울 수 있었던 데에는 증인의 힘이 컸습니다. 게다가 뛰어난 외교 역량으로 조선을 도왔던 명나라 군대를 잘 상대했고, 임진왜란의 상황을 상세히 기록하여 일본에서까지 주요한 자료로 인정받는 국보 제132호 『징비록』의 저자이기도 하시지요.

유성룡   허허, 너무 띄워 주니 부끄럽군요.

김딴지 변호사   이렇게 훌륭한 증인을 직접 뵙게 되니 영광입니다. 이제 질문을 드리지요. 증인은 정여립의 반란 사건이 일어났을 무렵 좌의정을 역임하였으니 당시 사건의 내막을 상세히 알고 계실 것입니다. 정여립의 반란과 그 사건의 후유증이 임진왜란에 미친 영향에 대해 증언해 주십시오.

유성룡   그 사건은 1589년 10월에 시작되어 전쟁이 일어나기 직전인 1591년까지 2년여의 시간이 걸렸습니다. 핵심 관료들이 무려 1000명이 넘게 관련되어 처참하게 죽거나 불구가 되었지요.

김딴지 변호사   뭐라고요? 지금 1000명이라고 하셨습니까?

유성룡   그렇습니다. 이전에 발생했던 사화를 모두 합친 것보다

파장이 컸으며 전쟁을 제외하면 처형자 수가 조선 최대 규모였던 사건입니다.

김딴지 변호사 어떻게 그렇게 많은 관리에게 불똥이 튀었던 거죠?

유성룡 휴. 그게 어떻게 그리 되었냐면, 당시에 정여립과 편지를 주고받은 사실만 발견되어도 역적으로 몰렸거든요. 그때는 편지가 유일한 의사 전달 수단이었던 데다가 정여립이 상당히 높은 관리였으니 엮이지 않은 관리가 없을 정도였습니다.

관청마다 억울하게 잡혀 온 사람들로 가득 찼고, 그들이 고문당하며 지르는 비명 때문에 너무나 참혹한 시절이었습니다. 역적은커녕 아무런 잘못도 없는 사람들이 매일같이 처참하게 죽어 나갔으니 어찌 기가 막히지 않겠습니까?

유성룡이 북받치는 감정을 애써 참으며 물을 한 모금 마셨다. 모두들 숙연해져서 할 말을 잊은 듯했다.

유성룡 2년에 걸쳐 조정에 피바람이 휩쓸고 지나가자 그 사건이 마무리될 무렵에는 나라가 완전히 쑥대밭이 되고 말았습니다. 문제는 피해자의 대부분이 현직 관리였다는 점이었습니다. 당장 일해야 할 관리들의 상당수가 죽거나 불구가 되었으니 국정이 거의 마비되기에 이르렀지요.

김딴지 변호사 그런 상황이라면 화를 피해 겨우 살아남은 관리들도 극도로 몸을 사리게 되었겠군요?

유성룡   맞습니다! 살아남은 관리들은 정상적으로 일을 할 수 없었어요. 특히 전쟁을 막아야 할 장수들조차 제대로 군대를 훈련시키지 못할 상황이었습니다.

왜냐고요? 그랬다가는 반역에 협조한다는 누명을 쓰게 될 수도 있었으니까요! 그러지 않아도 가뜩이나 허약한 국방력이 완전히 무너지게 되었으니, 그 사건 직후 임진왜란을 겪으며 왜놈들에게 형편없이 당하게 된 것도 무리는 아니었습니다. 이렇게 당파 싸움으로 사람들이 죽어 나갔는데 어떻게 왜적에 맞설 준비를 제대로 할 수 있었겠습니까?

김딴지 변호사   정말 통탄할 노릇이군요! 아니, 대체 왜 그렇게까지 사람들을 잡아들이고 처형했나요? 정도가 너무 심했던 것 아닙니까? 나라가 휘청거릴 정도로 그 사건을 다뤘어야 했나요?

유성룡   휴, 내 말이 그렇습니다. 사실 여기에는 당파 싸움이 얽혀 있었어요. 당파 간의 세력 경쟁이 이런 화를 키운 것이었죠.

유성룡의 폭탄선언에 방청석은 물론이고 배심원들과 판사까지 깜짝 놀랐다. 당장 진실을 밝히라고 아우성치는 통에 법정 경위들이 동원되어 소란을 진정시켜야 했다.

김딴지 변호사   나 원 참, 정말 그놈의 당파 싸움이 나라를 여러 번 들었다 놨군요. 증인은 그 점에 대해 좀 더 구체적으로 알려 주세요.

유성룡   당시 사림 세력은 '동인'과 '서인'으로 나뉘어 있었습니다.

동인
조선 중기의 정파로 16세기 중엽 선조가 즉위한 후 중앙 정계를 장악한 사림파 세력 가운데 신진 관료들을 중심으로 형성된 당파를 말합니다. 대표적인 인물로 이황과 조식 등이 있습니다.

서인
15세기 말 훈구파의 탄압을 이겨 내고 선조 즉위 이후에 중앙 정계를 장악한 사림 세력을 말합니다. 동인이 사회 체제를 급격히 변화시키려는 후배 관료들이었다면 서인은 선배 세대 중심으로 구성되었습니다. 대표적인 인물로는 정철이 있습니다.

사건 당시에는 제가 속한 동인이 정권을 잡고 있어 정여립의 역모 사건을 우리가 수사했지요. 그런데 정여립이 자살하자 선조 임금은 서인들에게 수사 책임을 맡겼습니다.

김딴지 변호사　　동인에게 밀리던 서인들이 가만히 있을 리 없었겠군요?

유성룡　　맞습니다. 칼자루를 잡은 서인들은 이번 기회에 동인을 모두 없애려 했습니다. 그 바람에 유능하고 경험 많은 관리들이 무수하게 죽어 나라가 마비되다시피 했으며, 장수들까지 반역을 일으킬 준비를 한다는 오해를 받을까 무서워 제대로 군사 훈련조차 하지 못했던 겁니다. 이런 상황에서 임진왜란을 맞았던 거고요!

김딴지 변호사　　휴, 그렇군요!

유성룡　　게다가 선조 임금은 자신의 입장에 유리하도록 당파 싸움을 은근히 부추겼습니다. 그것이 극에 달해 국론까지 분열되었으니 스스로 화를 자초한 것이나 다를 게 없었습니다. 나라가 이 지경인데 철저히 전쟁 준비를 한 일본이 쳐들어왔으니, 꼼짝없이 당하지 않았다면 오히려 그게 이상했을 겁니다.

　　방청객들의 한숨 소리가 깊어졌다. 증언을 마친 유성룡은 법정을 떠났다. 분위기가 선조에게 불리하게 흘러가자 이대로 변호사가 발언을 요청하며 자리에서 일어났다.

이대로 변호사   판사님, 피고의 행동이 그리 올바르지 않았던 것처럼 보일지는 모르겠지만 조선은 왕보다 신하의 힘이 훨씬 강한 나라였다는 걸 다시 한 번 감안해 주셔야 합니다. 조선 시대에는 신하들이 결정하여 올린 서류에 도장 찍는 것 정도밖에 할 수 없는 왕들도 꽤 많았습니다. 정식 왕비에게서 태어나 정상적으로 즉위한 왕도 제대로 기를 펴기가 어려웠는데 피고처럼 계승권이 희박했던 왕은 오죽했겠습니까? 피고가 즉위하던 때의 과정을 무시해서는 안 될 것입니다.

판사   피고의 왕위 계승권이 원래 약했다는 말인가요?

이대로 변호사   그렇습니다. 피고 바로 전의 왕이었던 제13대 명종은 1567년에 왕세자 없이 눈을 감고 말았습니다. 그래서 그 뒤를 누가 잇느냐가 중요한 문제가 되었지요. 참고로 인종과 명종이 중종의 친아들이었던 것에 비해 선조는 중종의 손자였습니다.

판사   왕의 바로 아래 친아들이 아니라 손자였으니 계승권이 멀었겠군요.

이대로 변호사   네, 맞습니다. 중종과 인종, 명종의 시대에는 공신과 외척들이 기세등등했습니다. 이런 때는 으레 서로 역모를 조장하기 마련이며 그때마다 중종의 왕자들은 수난을 겪었지요. 명종을 대신해 수렴청정을 했던 문정왕후가 죽고 명종이 직접 나라를 다스리게 되었을 때는 겨우 살아남은 왕자들도 병들어 죽는 등 왕위를 이을 만한 사람이 없었습니다. 마침 중종이 안씨라는 후궁에게서 얻은 덕흥군이라는 왕자가 낳은 삼형제가 거의 유일하게 살아남은 왕족이었지요.

판사　덕흥군은 피고의 아버지가 아닙니까?

이대로 변호사　그렇습니다. 당시 피고는 덕흥군의 삼형제 가운데 막내였지만 명종의 왕비인 인순 왕후의 지명을 받아 즉위할 수 있었지요. 왕자의 후궁이 낳은 손자가 즉위한 것은 피고가 처음이었습니다. 다른 때였으면 그런 사람이 있었는지조차 알지 못할 정도로 계승권이 희박했던 상태에서 왕이 되었으니 정말 운이 좋았습니다.

　하지만 낮은 신분의 후궁이 낳은 손자로서 정치권의 선택에 의해 왕이 되었다는 열등감은 평생 피고를 괴롭혔습니다. 그런 피고에 비해 쟁쟁한 신하들이 즐비하였으니 더욱 자격지심을 가질 수밖에 없지 않았겠습니까? 그렇지 않아도 약했던 왕권이 더욱 위축될 수밖에 없었고 이대로 가다가는 왕이라는 이름밖에 남을 것이 없을 위기 상황을 맞은 피고가 왕권을 회복하기 위해 노력한 것은 잘못이라 할 수 없습니다.

판사　그렇지만 일본의 침략에 제대로 대응하지 못하여 나라에 큰 피해를 입혔다는 원고 측의 주장에 대해서는 책임을 면하기 어려울 것 같은데요?

이대로 변호사　피고는 조선의 왕으로서 나름대로 전쟁에 대비하기 위한 조치를 취했지만 신하들이 당파 싸움에 정신이 팔려 제대로 대응하지 않았습니다. 일본의 내정을 알아보기 위해 보낸 사신들까지도 서로 신경전을 벌이며 정반대의 보고를 하지 않았습니까?

이대로 변호사의 변론에도 불구하고 방청석의 몇몇 사람들은 선조에게 야유를 보냈다. 피고석에 앉은 선조는 두 눈을 질끈 감고 이를 못 들은 척했다.

유성룡의 『징비록』

서애 유성룡(1542~1607)은 조선 중기의 문신이자 학자로 경상북도 의성에서 출생하였습니다. 네 살 때부터 글을 읽기 시작해 15세에 향시에 합격하고 21세에는 퇴계 이황을 찾아가 수개월 동안 학문을 배웠습니다. 유성룡은 그때 이황으로부터 "하늘이 사람을 낸다고 하더니 너를 두고 한 말이다. 장차 큰 선비가 될 것이다"라는 말을 들었다고 하지요. 이후 유성룡은 여러 관직을 거쳤는데, 임진왜란이 일어나기 전에 이를 예측하고 권율과 이순신을 각각 의주 목사와 전라좌수사로 추천했습니다. 그리고 왜적이 쳐들어오자 국난을 극복하기 위해 혼신의 힘을 기울였지요.

유성룡은 임진왜란 당시의 참상을 『징비록(懲毖錄)』이라는 책을 통해 후대에 남겼습니다. 『징비록』은 전쟁의 고통을 아주 자세하고 풍부하게 보여 준 전쟁 문학으로, 국보 제132호로 지정되었을 만큼 역사적·문학적 가치가 매우 높습니다. 유성룡은 임진왜란이 끝난 1598년 12월부터 다시는 이런 일을 겪지 않아야 된다는 생각에서 집필을 시작했지요. 이후 『징비록』은 나라가 위기에 빠졌을 때 어떻게 대처해야 하는지를 알려 주는 지침이 되었습니다. 숙종 때는 일본에서 출간이 되기도 했지요. 유성룡이 전쟁의 비참함을 겪은 뒤 이 책에서 어떤 말을 남겼는지 한번 살펴볼까요?

······아아, 임진년의 전쟁은 그 피해가 매우 참혹하였다. 수십 일 동안에 한양, 개성, 평양을 지키지 못하였고 팔도가 산산이 무너져 임금께서 도성을 떠나 몸을 피하셨다. 그러고도 오늘 우리나라가 있게 된 것은 하늘이 도운 까닭이요, 조상의 두터운 은덕이 백성들에게 두루 미쳤기 때문이다. ······『시경』에서 '지난 일의 잘못을 징계하여 뒤에 올 환난을 조심한다'고 하였으니 이에 나는 『징비록』을 쓴다. 내가 귀로 듣고 눈으로 본 임진년(1592)부터 무술년(1598)에 이르기까지의 일을 적으니, 비록 부족함이 있어도 버리지 말고 두어서 내가 나라에 충성하고자 하는 간절한 소망이 나타나길 바란다······.

3

선조의 실수

이대로 변호사   저는 원고를 중요한 자리에 뽑아 쓴 사람이 바로 피고라는 사실을 다시 한 번 강조하고 싶습니다. 신하들의 반대가 심할 때도 선조는 "그 사람의 능력이라면 모든 것을 충분히 감당할 수 있을 것이다"라고 말하며 반대를 물리치고 뽑았으니 이 정도면 전쟁에 대비하기 위한 피고의 노력이 충분히 입증되었다고 판단합니다.

판사   흠. 그런데 신하들이 왜 그렇게 원고에 대해 반대했던 거죠?

이대로 변호사   피고가 원고를 전라 좌수사로 임명하려 할 때 신하들이 반대한 이유는 너무 파격적인 승진이라는 데에 있었지요. 하기야 겨우 종6품의 현감에 지나지 않았던 피고를 정3품의 전라 좌수사로 무려 일곱 단계나 승진시키려 했으니 반대에 부딪치는 것도 무리는 아니었습니다.

판사 　종6품에서 정3품이 되는 게 어떻게 일곱 단계의 승진이 되나요?

이대로 변호사 　조선 시대 관직은 총 9개의 '품(品)'으로 이루어져 있었습니다. 그리고 이 품은 정(正)과 종(從) 두 가지로 나뉘었지요. 그러니까 품계가 높은 순서대로 말하면 정1품, 종1품, 정2품, 종2품, 정3품, 종3품…… 정9품, 종9품 이렇게 되었던 겁니다.

판사 　아하, 그렇군요. 그러니 종6품에서 정3품으로 뛰어오른 원고의 승진이 파격적이었다고 하는군요.

이대로 변호사　　맞습니다. 이렇게까지 어려움을 무릅쓰고 원고를 전라 좌수사의 자리에 앉힌 피고의 결단력과 사람을 알아본 안목이 참으로 놀랍지 않습니까?

　　이대로 변호사가 선조를 옹호하는 데 열을 올리자 김딴지 변호사가 이에 질세라 손을 번쩍 들고 일어났다.

김딴지 변호사　　이의 있습니다, 판사님!

판사　　뭐죠?

김딴지 변호사　　처음에 피고가 원고를 뽑은 것은 맞습니다. 하지만 원균을 뽑아 쓴 것도 피고 자신이었지요.

판사　　원균에 대해 설명을 좀 해 주시지요.

김딴지 변호사　　알고보니 피고 측에서 신청한 증인 중 한 명이더군요. 곧 등장할 사람이긴 합니다만 간단히 말씀드리자면, 원고 이순신의 영원한 맞수로 불리며 당시 원고처럼 왜적에 맞서 싸웠던 장군입니다. 하지만 원고의 능력을 지나치게 탐내서 나라를 위기에 빠뜨렸다는 곱지 않은 시선을 받고 있기도 합니다.

판사　　선조가 원균에게 중요한 책임을 맡긴 게 실수였다는 뜻인가요?

김딴지 변호사　　네! 원고의 승진이 파격적이기는 해도 그의 인물 됨에 부족한 부분이 없었지만, 원균은 그렇지 않았지요. 왜냐하면 원균은 이전 근무지에서 평가가 아주 좋지 못해 쫓겨난 상태였거든요. 이런 원균이 전국에서 가장 규모가 큰 경상 우수사로 승진하였으니 누가 보아도 부당한 일이었지요. 대체 피고는 무슨 생각으로 자격이 되지 않는 원균을 경상 우수사로 승진시켜 주었습니까? 기왕 다 지난 일이니 속 시원히 말해 보십시오!

인척
결혼 관계로 맺어진 친척 관계를 인척이라고 합니다.

법정 안의 모든 사람들이 호기심 어린 눈으로 선조를 바라보았지만 선조는 입을 꾹 다물고 답변하지 않았다.

김딴지 변호사　제가 대신 말씀드릴까요? 피고가 반대를 무릅쓰고 원고와 원균을 승진시킨 것은 당파 싸움을 조장하기 위해서였습니다. 원고는 앞서 증인으로 나왔던 유성룡이 추천했으니 동인 계열이고, 원균은 서인의 우두머리인 윤두수와 인척 관계였으니까 서인으로 분류될 수 있었지요. 피고가 두 사람을 승진시킨 것은 장수끼리도 서로 경쟁하고 다투게 만들려는 의도로밖에 해석되지 않습니다.

이대로 변호사　그렇지 않습니다! 선조는 여러 당파의 인재들에게 골고루 기회를 주려고 했던 것뿐입니다.

김딴지 변호사　그래서 자격이 충분한 인재들이 많았는데도 자격 자체가 안 되는 원균을 등용한 겁니까? 그것은 어떻게 설명하실 것입니까?

이대로 변호사　음, 그건······.

실책
잘못된 계획과 정책을 뜻합니다.

김딴지 변호사 　앞서 밝혀진 정여립 역모 사건 때 당파 싸움을 조장해 피바람을 몰고 왔던 피고가 갑자기 마음이 변해서 당파의 균형을 잡으려 했다는 것은 이해할 수 없습니다. 피고는 이렇듯 거듭된 실책으로 전쟁에 대비한 조치를 전혀 하지 않았던 거지요!

이대로 변호사 　당시의 당파 싸움만을 근거로 피고에게 임진왜란에 대비하지 않았다고 말하는 건 너무 지나친 것 아닌가요?

김딴지 변호사 　그러면 이 얘길 해야겠군요. 증인 유성룡은 임진왜란 전부터 일본의 침략을 매우 걱정했던 나머지 전쟁에 대비하여 새로운 체제를 만들어야 한다고 말한 적이 있습니다.

판사 　구체적으로 어떤 체제를 말하는 거죠?

김딴지 변호사 　임진왜란이 일어나기 전에 조선은 주로 공격보다는 방어에 힘을 쏟았습니다. 그래서 초기에 '진관법'이라는 체제가 운용되었지요. 여기서 '진관'은 조선 시대에 적의 침입을 방어하기 위해 지방에 두었던 방위 조직입니다. 그러니까 진관법은 지역에서 가장 큰 도시를 중심으로 근처의 작은 도시와 군을 하나로 묶어 적의 침입에 방어하는 것을 말합니다. 전투 지역의 상황을 가장 잘 알고 있는 해당 지역의 지휘관이 자율적으로 판단하여 싸울 수 있게 하는 장점이 있었지요.

판사 　진관법은 '진압할 진(鎭)'에 '주관할 관(管)' 자를 쓰는군요. 어떤 제도였는지 이해가 갑니다.

김딴지 변호사 　그런데 연산군 이후 국정이 문란해지면서 군사 체제도 흔들리다 보니 진관법이 제대로 작동하지 못했습니다. 그래서 각 지역에서 자율적으로 방어하는 진관법이 폐지되고, 전투가 벌어지면 인근 지역의 병력을 큰 도시에 모두 모이게 한 다음 조정에서 지방으로 파견한 지휘관의 명령에 따라 싸우게 하는 '제승방략(制勝方略)'으로 전환했지요.

판사   제승방략은 좋은 효과를 거두었나요?

김딴지 변호사   아니요. 그것 역시 큰 효과는 없었습니다. 전투가 벌어진 출신 지역의 지휘관이 자율적으로 판단하여 싸우게 하지 않고 조정에서 내려오는 지휘관을 기다리게 하는 것은 시간을 다투는 전쟁에서 아주 비효율적이었거든요. 제승방략으로 전환하게 된 것은, 연산군을 밀어내고 반란을 일으켜 즉위한 중종이 자신의 통제 밖에 있는 지방 군대의 반란을 경계한 나머지 이를 중앙의 통제하에 두기 위한 의도가 강했습니다.

판사   일본과의 전쟁에 대비하기 위해서는 다시 진관법으로 돌아가는 것이 좋았을 것 같은데요?

김딴지 변호사   그러게 말입니다. 당시 비변사 관리였던 유성룡이 그런 점을 들어 일단 제승방략을 폐지하고 진관법 체제로 돌아가야 한다고 건의한 적이 있었습니다. ▶비변사에서는 임진왜란을 맞아 대책을 마련하느라 분주했거든요. 하지만 피고는 받아들이지 않았습니다.

판사   피고가 제승방략을 고집한 결과는 어땠습니까?

김딴지 변호사   어휴, 말도 마십시오. 그러니까 일본이 쳐

비변사

조선 시대에 외적의 침입 등 국가 비상 사태가 발생하면 병조 혼자서 군사 문제를 해결할 수 없어서 구성한 의정부, 육조 대신 등 문무 합의 기구를 말합니다.

교과서에는

▶ 비변사는 16세기 중종 초에 여진족과 왜구의 침략에 대비하기 위해 설치되었습니다. 처음에는 국방 문제를 다루기 위한 임시 기구였지만 임진왜란이 일어나자 국가적 위기를 극복하고 대책을 수립하기 위해 기능과 역할이 커졌지요. 그래서 삼정승을 비롯한 고위 관원들이 외교·재정·사회·인사 문제 등 거의 모든 정무를 총괄하였고 전쟁이 끝난 뒤에도 폐허를 복구하기 위해 계속 유지되었지요. 이같이 비변사의 기능이 강화되자 상대적으로 왕권은 약화되었습니다.

들어왔을 때 경상도 중부와 북부의 부대는 제승방략에 따라 집결지인 대구로 모여들어 조정에서 파견한 지휘관이 도착하기를 기다렸습니다. 하지만 병사들이 먹고 잘 수 있는 시설이 전혀 마련되어 있지 않아 땅바닥에서 잠을 자며 굶주렸고, 비까지 내리는 바람에 병사들의 사기가 극도로 떨어졌지요. 그래서 기껏 모인 부대가 전부 흩어지고 말았습니다. 왜적이 상륙한 경상도 남부 지역에서도 마찬가지 상황이 벌어졌고요. 정여립 반란 사건의 후유증으로 나라가 마비된 데다 군사 조직도 이렇게 흐트러져 있었으니, 부산과 동래를 함락시킨 왜적이 무서운 속도로 한양까지 치고 올라온 것도 무리는 아니었습니다.

김딴지 변호사는 원통하다는 듯 주먹을 불끈 쥐었다. 설명을 다들은 판사가 이번에는 피고석의 선조에게 시선을 돌렸다.

판사 피고! 피고는 왜 그때 제승방략을 고집했으며, 집결한 부대를 수용하고 먹일 수 있는 시설을 마련하도록 하지 않았습니까?

선조 흠, 그건 제 잘못이 아닙니다. 저는 유성룡의 건의를 받아들이려 했지만 신하들이 강하게 반대하는 바람에 어쩔 수 없이 못했을 뿐입니다. 조선의 왕이 무슨 힘이 있었겠습니까?

김딴지 변호사 피고는 지금 신하들의 탓으로 책임을 돌리고 있습니다! 그때 그 의견에 반대한 사람은 김수 한 사람뿐이었으며 반대의 이유 역시 '오래도록 사용한 제승방략을 갑자기 바꿀 수 없다'는

왜 이순신은 백의종군했을까?

것 아니었나요? 김수가 그런 말도 안 되는 이유로 반대한 것은 유성룡과 당파가 달랐기 때문에 반대를 위한 반대를 한 것에 지나지 않았습니다. 하지만 피고는 김수의 반대를 군말 없이 받아들이지 않았습니까? 게다가 김수를 경상도를 통괄하는 관찰사로 보내기까지 하였으며, 김수가 백성들을 들볶기만 하고 집결할 부대를 수용할 시설도 제대로 갖추지 않는 등 상황을 더 나쁘게 만들었어도 그를 전혀 탓하지 않았지요!

판사   자자, 모두들 진정하세요. 이만하면 양측의 입장이 어느 정도 잘 전해졌다고 봅니다. 지금까지 임진왜란이 일어나기 전의 상황과 전쟁에 대비하지 못했던 여러 원인들을 살펴보았습니다. 원고 이순신이 피고 선조를 상대로 제기한 소송의 첫 번째 재판은 이것으로 마무리하겠습니다. 다음 두 번째 재판에서는 임진왜란이 벌어지고 있던 당시의 전투 상황에 대해 짚어 보겠습니다. 원고와 피고는 오늘 부족했던 부분을 보충하도록 하고 증인 신청과 근거 자료의 제출에 소홀하지 말기를 바랍니다. 그럼 첫 번째 재판은 이것으로 마치겠습니다.

땅, 땅, 땅!

다알지 기자

　　여러분, 안녕하십니까? 빛보다 빠른 뉴스, 역
사공화국 법정뉴스의 다알지 기자입니다. 오늘은
임진왜란을 온몸으로 겪어 낸 역사적인 두 인물, 바로
이순신 장군과 선조 임금의 재판이 있었습니다. 첫날이었던 만큼 양측
의 기선 제압과 신경전이 만만치 않았습니다. 원고 이순신 장군은 이
번 소송을 제기한 이유를 밝히며 임진왜란 당시 선조 임금에게 책임이
있었음을 말했고, 피고 선조 임금은 당시 조정의 당파 싸움을 설명하
며 왕으로서의 어려움을 토로하였습니다. 자, 이제 재판을 마치고 나
오는 양측 변호인이 보이는데요, 두 분께 첫 번째 재판이 끝난 소감을
한번 여쭤 보도록 하겠습니다.

김딴지 변호사

　　이번 재판을 통해 이순신 장군은 후손들에게 임진왜란의 원인과 과정을 제대로 알리고 싶다고 하였습니다. 앞으로의 재판에서 밝혀지겠지만 당시 조선의 힘이 매우 약했던 것은 사실입니다. 하지만 피고는 훌륭한 선비들을 신하로 두며 지난 시대에서 대물림된 부정적 요소들을 척결할 수 있는 기회를 가졌습니다. 그런데도 잘못된 여러 차례의 판단으로 오히려 나라를 망치고 말았지요. 피고 측 변호인은 미약한 왕권을 회복하기 위해서는 어쩔 수 없었다고 주장하지만 말도 안 되는 변명일 뿐입니다. 앞으로도 이 점을 계속해서 낱낱이 파헤칠 테니 나의 활약을 기대해 주세요!

이대로 변호사

　이제 첫 번째 재판이 막 끝났군요. 많이 준
비한다고는 했는데 원고 측이 아예 작정을 하
고 나왔나 봅니다. 피고 선조를 너무 심하게 몰아붙
여 이를 막느라 진땀을 좀 뺐습니다. 하지만 피고가 얼마나 어려운 상
황 속에서 즉위했는지는 충분히 알렸다고 생각합니다. 나라를 어지럽
게 한 연산군 이후 중종과 인종, 명종의 시대를 거치면서 권력자들은
백성들을 어려움에 빠뜨린 채 자신들의 부귀에만 관심이 있었죠. 이런
마당에 즉위한 왕이 어떻게 할 수 있었겠습니까? 피고 선조 역시 국가
적 어려움을 헤쳐 나가기 위해 혼신의 힘을 다했습니다. 모두들 이 점
은 부인할 수 없을 거예요!

이순신은 어떻게 전쟁에서 승리했을까?

1

임진왜란 초기의 상황

임진왜란을 함께 겪은 이순신과 선조가 벌이는 재판 둘째 날. 오늘 재판에서는 본격적으로 전쟁 상황을 다룬다는 소문이 퍼지자 언론사 취재 기자들까지 몰려와 법정 앞이 시끌벅적했다. 어떤 사람은 거북선 모형까지 들고 와 흔들며 이순신을 응원했다.

판사   지금부터 두 번째 재판을 시작하겠습니다. 오늘은 임진왜란이 발생한 상황에 대해 좀 들어 봐야 할 것 같습니다. 피고 측에서 먼저 시작해 볼까요?

이대로 변호사   지금까지 우리는 조선의 입장에서 임진왜란이 일어나기 직전 우리 내부의 여러 상황들을 살펴보았습니다. 이쯤에서 전쟁을 일으킨 일본 측의 입장을 한번 들어 보는 것도 매우 중요하다고 생각하는데요. 그래서 임진왜란을 일으킨 도요토미 히데요시를 증인으로 신청합니다!

"어머나! 도요토미 히데요시라고?"
"일본을 통일하고 조선과 명나라까지 정복하려 한 사람 아니야?"
"이야, 그런 사람이 증인으로 나오다니, 놀랍군!"
"도요토미 히데요시는 이제라도 사죄하라!"
흥분을 감추지 못한 사람들이 모두들 한마디씩 던지는 바람에 법정 안은 소란스러웠다. 곧 일본 무사 차림의 도요토미 히데요시가 모습을 드러냈다. 날카로운 눈매가 보는 사람을 압도했다. 임진왜란을 일으킨 장본인, 도요토미 히데요시가 등장하자 이순신과 선조는 긴장한 듯 얼굴이 굳어졌다.

이대로 변호사   증인, 이 자리에 나오기가 쉽지는 않았을 텐데 요청에 응해 주셔서 고맙습니다.
도요토미 히데요시   흠. 내 원대한 야망을 꺾었던 이순신이 선조를 상대로 한국사법정에서 재판을 벌인다는 소식에 그 내용이 무척 궁금하긴 했습니다. 이왕 이렇게 수백 년이 흘렀으니 모두 허심탄회하게 이야기해 봅시다.
이대로 변호사   그럼 증인에게 질문하겠습니다. 증인은 1592년에 왜 조선을 침략했던 겁니까? 왜 임진왜란을 일으켰는지 솔직히 말씀해 주십시오.

도요토미 히데요시　　나는 당시 일본을 통일하며 큰 목표를 세웠습니다. 조선을 치고 중국도 점령한 다음 인도까지 쳐들어가려고 했지요.

이대로 변호사　　하지만 결과적으로 봤을 때 조선과의 전쟁에서도 이기지 못했지 않습니까? 그런데 그런 목표가 말이나 되는 것이었나요?

도요토미 히데요시　　당시 내가 동원할 수 있는 병력은 30만 명에 가까웠는데 이들은 전쟁에 숙달된 최고 수준의 군대였습니다. 그에 비해 조선은 10만 명도 동원하기 어려웠던 데다가 그나마 실전 경험도 거의 없었지요. 게다가 명나라의 사정 역시 조선과 별반 다를 게 없었습니다. 불과 20일 만에 조선의 수도를 함락했으니 그 여세를 몰아 두 달 이내에 조선을 충분히 차지할 수 있겠다고 계산했지요.

이대로 변호사　　임진왜란을 일으킬 당시의 일본 내부 사정은 어땠나요?

도요토미 히데요시　　그래요. 먼저 내가 이룬 성과에 대해서 말하는 게 순서이겠지요. 나는 100년에 걸친 내전을 종식시키고 일본의 모든 땅을 정복했습니다. ▶일본 역사를 통틀어 나처럼 위대한 성과를 이룬 영웅은 없었지요. 그것도 가장 미천한 신분으로 이루었으니 정말 놀라운 일이었습니다.

이대로 변호사　　결국 미천한 신분이 문제였군요.

도요토미 히데요시　　그렇습니다. 무사 가문 출신이 아니라는 점이 나에게 큰 장애물이 되었습니다. 그래서 나는 일단 외부와 전쟁을 하게 되면 나의 실권을 계속 장악할 수 있을 거라는 판단을 했습니다. 그때는 조선의 국방력이 약해서 우리 일본으로서는 어느 정도 승산이 있다고 생각했지요. 그런데 웬걸요? 조선이 초반에 생각보다 너무 쉽게 무너져서 속으로 많이 놀랐습니다. 이거야말로 내가 칭기즈칸 못지않은 영웅이 될 수 있는 기회라고 생각했지요!

이대로 변호사가 판사에게로 몸을 돌리며 말했다.

이대로 변호사   자, 들으셨습니까? 임진왜란은 도요토미 히데요시가 미천한 신분을 극복하고 일본을 통일하여 정치적 실권을 장악하면서, 자신의 권력을 계속 유지하기 위해 외부로 시선을 돌린 것입니다. 계속 전쟁을 해야 사람들을 자기 아래로 모으고 결집시켜 자신의 힘을 유지할 수 있었을 테니까요. 그러니 피고에게만 전쟁의 책임을 묻는 것은 매우 부당합니다.

김딴지 변호사도 지지 않고 일어나서 말했다.

김딴지 변호사   이의 있습니다, 판사님! 도요토미 히데요시에 의해 임진왜란이 일어났다 해도 그것을 막아 낸 사람은 피고가 아니라 원고 이순신 장군입니다! 이번에는 제가 증인에게 질문해도 되겠습니까?

판사   그렇게 하세요.

김딴지 변호사   감사합니다. 증인! 증인은 당시 조선의 장수였던 원고 이순신에 대해 어떻게 생각하십니까?

도요토미 히데요시   흠, 이순신이라…… 그는 나에게 매우 큰 좌절을 안겨 준 인물이지요. 다른 사람에게 패배했다면 모르겠지만 이순신이라면 조금도 부끄럽지 않습니다. 이순신은 매우 불리한 상황에서 거의 혼자서 전쟁을 수행한 거나 마찬가지였습니다. 게다가 전쟁은 보급이 매우 중요합니다. 아무리 뛰어난 작전을 세우고 대단한 전투력을 보유했다고 해도 보급이 따라 주지 않으면 패배할 수밖에 없는 법이지요. 이순신은 여러 상황들을 조정하며 전쟁을 승리로 이끄는 데 천부적인 능력이 있었어요. 그러니 같은 무인으로서 내가 존경심이 들 수밖에요. 이순신 앞에 나아갔다 처참한 몰골로 돌아오는 나의 부하들을 보며 내가 해 줄 수 있는 말은 이것뿐이었습니다. "절대 이순신과는 싸우지 말라!"

김딴지 변호사 하하, 그렇군요. 중국 대륙 너머까지 생각했던 증인의 원대한 정복 계획이 원고에 의해 막혀 버린 셈이군요.

도요토미 히데요시 흠, 그렇습니다. 저 사람, 이순신 때문에 모든 게 틀어지고 말았지요.

김딴지 변호사 증인, 정말 귀한 증언 해 주셔서 감사합니다. 이로써 증인 신문을 마치겠습니다.

판사 양측의 증인 신문이 모두 끝난 것이죠? 증인은 퇴장하셔도 좋습니다.

도요토미 히데요시가 굳은 얼굴로 법정을 떠났다. 원고석의 이순신과 김딴지 변호사는 흐뭇한 표정이었다. 이대로 변호사는 자신이 신청한 증인이 이순신을 높이 평가하는 발언을 하자 몹시 당황해하며 어떻게든 수습하려 애쓰는 모습이었다.

이대로 변호사 판사님, 그리고 배심원 여러분, 원고가 훌륭한 장수였다는 것에는 저희도 물론 동의합니다. 하지만 원고는 소장에서부터 첫날 재판에 이르기까지 전쟁에서 승리할 수 있었던 게 오직 자신의 공이었다는 식으로 주장하고 있는데 여기에는 문제가 있다고 봅니다!
원고가 여러 전투를 큰 승리로 이끈 것은 맞지만 임진왜란을 막은 것은 원고 혼자만의 노력이 전부가 아니었습니다. ▶중학교 국사 교과서에는 원고 외에도 전국 곳곳에서 일어난 의병의 자발적 봉기와 종주국 명나라의 참전이 승리에 도움이 되었다고 나와 있습니다. 그런 만큼 거의 혼자서 나라를 구했다는 식의 원고 측 주장에는 문제가 있다고 봅니다.

김딴지 변호사　그렇지 않습니다! 역사 교과서에 피고 측이 주장하는 내용이 실린 것은 맞지만 이는 사실과는 거리가 있습니다.

판사　왜 그렇지요?

김딴지 변호사　전쟁 당시 일본의 기본 전략은 육군과 수군이 함께 진격한다는 '수륙병진책'이었습니다. 예나 지금이나 전쟁은 보급이 매우 중요합니다. 그러니까 전쟁에 필요한 무기와 물자, 식량 등이 얼마나 효율적으로 잘 지원되느냐의 여부가 승패를 결정했다고 볼 수 있지요. 당시 보급은 주로 배를 이용했기 때문에 일본으로서는 '수륙병진책'을 쓴 게 당연한 전략이었습니다.

판사　육군과 수군이 함께 진격한다고요?

김딴지 변호사　네. 그래서 ▶도요토미 히데요시는 대규모 함대를 동원하여 서해를 거슬러 올라가 전쟁 물품을 지원하려고 했는데 원고에게 가로막혔기 때문에 계획에 엄청난 차질이 발생하게 되었습니다. 어쩔 수 없이 육로를 이용해야 했지만, 당시 조선의 도로 사정이 좋지 않은 데다 의병들이 기습적으로 공격을 가하는 바람에 이 역시 쉽지 않았습니다.

판사　결국 어떻게 되었나요?

김딴지 변호사　식량과 화약은 물론 의복조차 제대로 공

교과서에는

▶ 임진왜란 당시 왜군의 침략 작전은, 육군이 북쪽으로 올라감에 따라 수군이 남해와 황해를 돌아 물자를 조달하면서 육군과 합세하려는 것이었습니다. 그러나 해전에서 이순신의 활약으로 이러한 왜군의 침략 작전은 좌절되었지요.

급받지 못하자 조선의 북부 지역으로 진출했던 일본군은 굶주림과 추위에 지쳐 물러날 수밖에 없었습니다. 만일 일본군이 바다를 이용할 수 있었다면 상황이 크게 달라졌을 것이 분명하지 않습니까? 의병이 공을 세울 수 있었던 것은 원고가 바다를 틀어막고 적을 육지로 몰아주었기 때문이었습니다. 그것에 대해서는 더 이상의 설명이 필요가 없을 줄 압니다.

판사　▶기록에 의하면 임진왜란 당시 명나라가 조선을 돕기 위해 군대를 보내왔다고 하는데요. 명나라 지원군의 도움은 어땠습니까?

김딴지 변호사　명나라 지원군이라…… 그들이 도착한 것은 1592년 12월 25일이었지만 일본군이 한양을 점령한 것이 그해 5월 3일이라는 것을 생각해 보세요. 만약 이순신의 활약이 없었다면 일본의 수군이 서해를 거슬러 올라와 보급에 어려움을 겪지 않았을 테니까, 길게 잡아도 두 달이면 조선을 차지할 수 있었을 거예요. 그렇다면 아무리 늦어도 8월경에는 일본군이 조선을 완전히 장악했을 것이기 때문에 명나라는 아예 지원군을 보낼 기회조차 잡지 못했겠지요!

　　"와아! 역시 이순신!"

　　"이순신 장군이 아니었으면 큰일날 뻔했어."

　　방청객 일부가 환호했다. 이대로 변호사와 선조는 불안한 표정을 감출 수 없었다.

김딴지 변호사　전쟁에서 원고의 공이 절대적이며 교과

교과서에는

▶ 전쟁에 미처 대비하지 못한 조선이 전쟁 초기에 왜군을 효과적으로 막아 내지 못하자 조선은 명나라에 지원군을 요청하였습니다.

서가 옳지 않다는 주장을 뒷받침하기 위해 증인을 신청합니다.

증인은 재판 첫째 날에 원고 측 증인으로 나왔던 유성룡이었다. 유성룡이 증인석에 자리를 잡자 김딴지 변호사가 질문했다.

김딴지 변호사   증인은 전쟁 기간 중 명나라와의 외교와 지원군의 전쟁 물품 보급을 전담한 사실이 있습니까?

유성룡   그렇습니다.

김딴지 변호사   그렇다면 증인은 임진왜란 당시 명나라 지원군에 대해 누구보다도 가장 잘 알고 계실 거라 생각합니다. 그들이 어떤 역할을 했는지 자세히 알려 주세요.

유성룡   명나라 지원군이오? 휴, 말도 마십시오. 싸움은 뒷전이고 왜적들보다 몇 배나 더 포악하고 서슴없이 약탈을 일삼는 바람에 지원군이 지나간 곳은 폐허가 될 지경이었습니다. 오죽했으면 '왜적은 얼레빗, 명군은 참빗'이라는 말까지 생겨났겠습니까?

김딴지 변호사   그랬군요. 명나라 군대가 남기고 간 상처도 꽤 컸다는 뜻이네요?

유성룡   두말하면 잔소리죠. 게다가 명색이 종주국이며 세계의 중심이라는 명나라가 겨우 5만 명의 지원군을 보내면서도 몇 달이나 끌었습니다. 그리고 그동안 명나라를 부모 이상으로 섬겼던 조선을 구하려 했으면 최소한 보급만큼은 스스로 해결해야 하지 않습니까? 그럼에도 우리에게 보급까지 떠넘긴 것은 명나라 사정이 그만큼 어

환관

거세된 남자들로 구성된 중국과 조선의 관직을 말합니다. 환관은 때로 왕의 총애를 받으며 권력을 잡고 나라를 어지럽혔습니다.

려웠기 때문입니다.

김딴지 변호사　아, 그랬나요?

유성룡　네. 실제로 당시 명나라는 황제가 극히 무능하고 환관들이 날뛰어 나라가 도탄에 빠진 데다 곳곳에서 반란까지 일어나는 바람에 거의 망할 지경이었지요. 그나마 그 지원군이라도 겨우 보내 온 것은 어디까지나 자신들의 안전을 위한 것이었지 결코 조선을 위해서가 아니었습니다. 제가 『징비록』에다 "이순신 장군이 조선은 물론 명나라까지 구했다"라고 기록한 것은 과장이 아니라 현실이 그랬기 때문입니다.

김딴지 변호사　그렇다면 명나라의 지원군이 전혀 도움이 되지 않았단 말입니까?

유성룡　차라리 없는 것이 나았을 거예요! 심지어는 싸워야 할 왜적과 결탁하였으니 도움이 되지 않는 정도가 아니라 왜적보다 훨씬 심한 피해를 끼쳤지요.

　유성룡의 발언에 법정 안이 소란스러워졌다. 김딴지 변호사는 이순신에게 시선을 돌렸다.

김딴지 변호사　원고 이순신 장군이 전쟁에서 큰 공을 세웠다는 것을 모르는 사람은 없겠지만 보다 상세히 검증하기 위해서 원고에게 직접 질문하겠습니다. 원고, 처음 출격하여 승리를 거둔 과정을 상세히 설명해 주시겠어요?

이순신　　그러지요. 나는 전쟁이 일어나기 1년 3개월쯤 전에 전라 좌수영에 수군절도사로 부임했습니다. 우선 그 지역의 썩어 빠진 관리들의 기강을 바로잡고 군대를 정비했어요. 그러면서 모든 것을 전쟁에 대비한 최상의 상태로 만들어 나갔지요. 싸울 준비를 갖춘 판옥선 24척과 4000명의 병력을 확보하였답니다.

김딴지 변호사　　전쟁이 시작된 이후의 과정을 말씀해 주십시오.

이순신　　전쟁이 벌어졌다는 것을 처음 알게 된 것은 1592년 4월 15일 오후 8시경이었어요. 경상 우수군절도사인 원균이 보낸 급보를 통해 알게 되어 즉시 비상을 걸고 조정에 보고한 다음 전쟁 준비에 돌입했지요. 실제로 첫 출격에 나선 것은 5월 3일이었습니다.

김딴지 변호사　　첫 출격이 상당히 늦었던 것 아닌가요?

이순신　　그런 의문이 들 수도 있겠지만 곳곳에 흩어져 있던 판옥선과 장수들을 모으고 조정의 명령을 기다리느라 그렇게 됐지요. 경상도에서 애타게 구원 요청을 하던 원균과 합류한 것이 5월 6일이었고요.

김딴지 변호사　　제가 알기로는 그다음 날이 원고의 첫 전투였다면서요?

이순신　　네. 다음 날 나는 옥포에서 생애 첫 전투를 경험하게 되었습니다. 수백 년이 흐른 지금도 첫 전투에 나

전라 좌수영

당시 전라도는 지금과 달리 우도와 좌도로 구획되었으며, 이순신이 전라좌도의 수군(水軍)을 지휘하는 전라 좌수사로 발령받은 때가 1591년 2월이었습니다. 사령부는 여수에 있었으며 담당 지역은 순천, 광양, 보성 등지와 근처 해안이었지요.

판옥선

조선 명종 때인 1555년에 개발된 전투용 배입니다. 2층 구조로 되어 아래층에서는 노를 젓고 위층에서는 활과 포 등을 이용한 전투를 했습니다. 100여 명이 탈 수 있었고, 임진왜란 당시 큰 활약을 했지요.

교과서에는

▶ 이순신은 전함과 무기를 정비하고 군사 훈련을 강화하여 옥포에서 첫 승리를 거두었습니다. 이후 남해안 여러 곳에서 연승을 거두어 남해의 제해권을 장악했지요.

거북선
고려 말과 조선 초에 왜적을 물리
치기 위해 만들어진 전투용 배로,
임진왜란 때 이순신 장군이 이 배
를 이용해 왜적에 큰 타격을 주었
습니다.

서던 그날의 새벽을 잊을 수가 없군요. 여수를 떠날 때는 모두가 죽는 줄로만 알았다가 의외로 크게 이기자 너 나 할 것 없이 서로 껴안고 엉엉 울었지요. 나까지도 그만 눈시울이 뜨거워졌지요.

잠시 과거를 회상하던 이순신의 눈가가 글썽거렸다.

이순신　다행스럽게도 첫 단추를 제대로 끼울 수 있었어요. 1차 전투에서 적함 44척을 불태우고 최소한 2000명 이상의 적을 무찌른 반면 우리는 단 한 명의 전사자도 없었으니 그야말로 눈부신 전과를 올린 셈이지요. 외형적인 전과(戰果)도 대단했지만 무엇보다도 중요한 성과는 자신감을 가지게 되었다는 점이었어요.

김딴지 변호사　아, 그랬군요! 그다음에 어떻게 되었나요?

이순신　2차 전투는 거북선의 역사적 첫 등장 무대이기도 했습니다. 나는 원균과 합류하여 사천에서 적함 12척과 500명이 넘는 일본군을 없앴습니다. 이때 나는 총탄을 맞아 왼쪽 어깨가 관통당하는 부상을 입기도 했어요. 만약 조준이 조금만 정확했더라면 그날 죽었을지도 모르죠.

김딴지 변호사　원고는 정말 나라를 위해 온몸을 내던지셨군요.

이순신　허허, 그랬지요. 내가 그때 부상을 당하자 모두들 놀라며 일단 안전거리 밖으로 물러나자고 했습니다. 하지만 부하들에게 적

이 두려워 물러서는 약한 모습을 보일 수는 없었지요. 오히려 나는 거북선을 앞세워 일제히 공격할 것을 명령했어요. 나를 믿고 따르던 군사들이 함성을 지르며 일어나 일본군과 용감히 싸우던 모습이 지금도 눈에 선하군요. 이후 우리는 몇 차례에 걸친 전투에서 일본군을 뛰어넘는 전투력을 보이며 승리에 대한 자신감을 키울 수 있었답니다.

김딴지 변호사　초반부터 그렇게 잘 싸울 수 있었던 비결이 무엇인가요?

이순신　나는 내 나름의 원칙을 철저히 지켰습니다. 먼저 움직이고 먼저 발견하고 먼저 공격하는 것! 이것을 가장 중요하게 여겼지요. 그리고 백성들이 전해 주는 소식에도 항상 귀 기울였답니다.

　이순신의 득의양양한 표정과 목소리에 방청석에서는 환호성이 터져 나왔다.

판옥선과 거북선

임진왜란에서 조선 수군은 왜적에 맞서 크게 활약하며 남해 일대를 지켜 냈습니다. 흔히들 이순신 장군이 거북선을 만들어 왜적을 무찔렀다고 알고 있는데요, 실제 거북선의 역할은 그리 크지 않았습니다. 대신 조선 수군을 왜적으로부터 굳건히 지켜 주었던 것은 판옥선이지요. 이 두 종류의 배는 어떤 차이를 갖고 있었을까요?

우선 판옥선은 중종 시대에 건조된 전함이었습니다. 중종 당시 왜구들의 침범이 잦았기 때문에 이에 대한 대안으로 마련된 것이었지요. 판옥선은 방어하기 위한 목적이 커서 배라기보다는 성에 가까웠습니다. 판옥선은 바다를 떠다

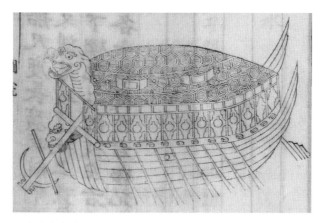

조선 시대의 거북선

니는 무서운 요새였지요. 왜적이 쏘는 조총이 닿지 않는 먼 거리에서 포를 쏘아 적에게 큰 위협이 되었답니다. 그래서 판옥선으로 충분했고 실제로 대부분의 승리가 판옥선에 의해 이루어졌지요. 명량 대첩에서도 조선 수군이 갖고있던 배 13척이 모두 판옥선이었습니다. 왜적의 함대는 거의 1000척에 달했지만 조선 수군은 겨우 13척의 판옥선으로 싸워 이겼으니 그 위력을 충분히알 수 있겠지요?

이에 비해 거북선은 무적의 전함이었던 것은 맞지만 수십 차례의 해전을 치르는 동안 몇 차례밖에 쓰이지 않았습니다. 거북선은 고려 말부터 만들어졌다는 기록이 있는데요, 『이순신행록』에 따르면 "거북선은 위에 판자를 덮고 그판자에 칼과 송곳을 총총히 꽂아서 사방으로 적이 기어올라 발붙일 곳이 없었다. 앞에는 용의 머리를 달았고 그 입에는 총구멍을 만들고 뒤에는 거북의 꼬리를 달았다. 그 모양이 마치 거북과 같았으므로 이름을 거북선(귀선, 龜船)이라 하였다"라는 설명이 나오지요. 거북선은 이순신 장군이 임진왜란 직전에건조하여 임진왜란 중 사천 해전에 첫 출전한 이래 일본 수군에게는 공포의대명사가 되었습니다.

왜 이순신은 백의종군했을까?

2

원균과 선조의 커다란 실수

김딴지 변호사　　원고는 두 차례에 걸친 전투에서 눈부신 성과를 거두셨는데 이 과정에서 느낀 점이 있었나요?

이순신　　음, 두 가지가 있었습니다. 첫 번째는 원균에 대한 것이었고 두 번째는 선조 임금에 대한 것이었지요.

김딴지 변호사　　구체적으로 말씀해 주세요.

이순신　　당시 경상도 지역의 바다를 지키던 원균이 내게 구원 요청을 했을 때 사실 좀 의아했어요. 원균은 들이닥친 일본군을 막기가 힘들다고 했는데, 경상 우수영은 전국 최강의 규모로 판옥선만 100척에 달하는 등 다른 지역에 비해 여건이 훨씬 유리했거든요. 그런데 원균이 제대로 대처를 못한 건지 밀려드는 일본군 앞에서 쩔쩔매고 있다는 게 이해가 잘 안 됐어요. 그때 원균이 잘만 해 줬어도 역사는 나보다 그를 더 영웅으로 떠받들었을지도 모르는데 말이죠.

이때 이대로 변호사가 못마땅한 듯 자리에서 일어났다.

이대로 변호사   이의 있습니다. 원고의 발언에는 오해의 소지가 있습니다.

판사   그게 뭐지요?

이대로 변호사   원균이 사령관으로 있던 경상 우수영이 전국 최강이었고 100척 가량의 판옥선을 보유했던 건 사실이지만 한 군데 모여 있었던 것은 아니었습니다. 담당 지역에 판옥선을 골고루 배치해 놓았기 때문에 100척을 동시에 모은다는 것은 쉬운 일이 아니었습니다. 만약 그랬다 해도 10만 명이 훨씬 넘는 일본군을 어떻게 이길 수 있었겠습니까? 원균은 상황이 불리했기 때문에 작전상 후퇴를 한 것뿐이었습니다.

이순신   흠, 글쎄요? 당시 일본군의 모든 병력이 동시에 쳐들어온 건 아니었습니다. 순차적으로 나눠서 건너왔지요. 원균이 처음에 잘 진압했다면 전쟁이 그렇게 크게 번지지는 않았을 거라는 아쉬움이 듭니다. 그랬다면 임진왜란은 말 그대로 '임진년에 왜놈들이 일으킨 소란'으로 그쳤을지도 모르니까요.

이순신은 잠시 숨을 고르고 목이 타는지 물을 한 모금 들이켰다. 그리고 이번에는 피고석에 앉아 있는 선조를 바라보았다.

왜 이순신은 백의종군했을까?

이순신   그리고 두 번째로 선조 임금에 대해 말하고 싶은데……
세상에, 왕이라는 사람이 전쟁 중에 나라와 백성을 버리고 도망가려
했습니다.

"아니, 이게 무슨 소리야? 선조가 나라를 버리고 도망을 가?"
"그러게 말이야. 임금이?"
이순신의 말이 끝나기 무섭게 방청석이 뜨겁게 들썩였다. 선조는
얼굴이 붉어지며 당장 호통이라도 칠 기세로 자리에서 벌떡 일어났다.

선조   뭐라고? 이순신은 지금 뭐라고 하는 것이냐? 감히 나를 이
렇게 욕보이다니 정말 용서할 수가 없다! 도대체 무슨 근거를 갖고
그러는 것이냐?
판사   피고! 피고가 한때 왕이었다 해도 지금 이 법정에서는 피고
의 신분이라는 것을 잊으면 안 됩니다. 언행에 주의하세요.

판사의 따끔한 지적에 선조는 씩씩대며 자리에 앉았다. 잠시 후
소란이 가라앉자 이순신이 이어 말했다.

이순신   차근차근 설명하지요. 선조 임금이 도성을 버리고 피란했
다는 것을 알게 된 것은 5월 8일경이었습니다. 첫 출격에서 대단한
전과를 거둔 직후였는데요, 그 소식을 듣게 된 나와 모든 장병들이
초상을 당하기라도 한 것처럼 통곡하고 말았지요. 선조 임금이 도성

을 버리고 떠나자 분노한 백성들이 대궐에 불을 질렀고, 선조 임금이 다시 평양을 떠나려 하자 반란에 버금가는 상황이 벌어졌으며 함경도에서는 실제로 반란이 일어나 백성들이 왕자들을 붙잡아 적에게 넘겨줄 정도였습니다.

김딴지 변호사   흠, 상황이 매우 심각했군요.

이순신   왕이 피란을 떠나는 것만 해도 그렇게 충격이 큰데 아예 나라를 버리고 망명한다면 어떤 일이 벌어지겠습니까? 군사부일체이며 왕에게 충성하라는 유교적 가르침을 기반으로 한 가치관이 기초부터 무너졌을 겁니다. 그리고 우리가 누구 때문에 목숨을 걸고 싸우는 것인데 왕이 백성을 버리고 도망치면 어떻게 되겠습니까? 병사와 의병을 막론하고 무기를 버리고 왜적에게 투항할 것이고 백성들은 앞다투어 왜적을 맞이하여 조선의 멸망을 재촉했을 테지요. 왜 왕이 스스로 그런 짓을 하려 했는지 아직도 이해할 수 없어요!

선조가 자신의 변호인인 이대로 변호사의 옆구리를 쿡쿡 찔렀다. 이대로 변호사가 진땀을 흘리며 자리에서 일어나 말했다.

이대로 변호사　　　이의 있습니다! 선조가 피신했던 건 맞습니다. 하지만 왕이 포로로 잡힐 수는 없지 않습니까? 피고도 왕으로서 어쩔 수 없는 선택을 한 것일 텐데 그런 식으로 매도하면 안 되지요.
김딴지 변호사　　　그런 변명에는 관심 없습니다! 판사님, 이번 사안은 피고의 태도뿐 아니라 이후 전쟁의 향방에 관계되기 때문에 매우 중대합니다. 당시 상황을 잘 아는 이원익을 증인으로 신청합니다.
판사　　　네, 받아들입니다.

김딴지 변호사가 증인까지 신청하며 선조의 피신을 날카롭게 파헤치려 하자 법정 안은 긴장감으로 순식간에 얼어붙는 듯했다. 이윽고 증인 이원익이 법정 안으로 들어왔다.

김딴지 변호사　　　증인, 나와 주셔서 정말 감사합니다. 증인은 임진왜

주청
신하가 왕에게 아뢰어 청하는
일을 말합니다.

순찰사
조선 시대에 왕의 명령으로 지방
에 파견되어 그곳의 군사적 업무
를 맡아보던 벼슬을 말합니다.

망명
전쟁이나 혁명, 정치적·사상적
이유로 탄압을 받을 위험이 있는
인물이 외국으로 몸을 옮기는 것
을 말합니다.

란 당시의 문신으로 우의정과 영의정 등을 역임하셨지요.
임진왜란이 일어나 도성을 빼앗길 위기에 처하자 증인은
임금에게 "결사대를 이끌고 나가 싸우도록 해 달라"고 주
청드렸을 정도로 담대하고 의기가 높았습니다. 임진왜란
이후에는 피폐해진 나라를 일으키기 위해 불합리한 조세
제도를 개혁하여 백성들의 고통을 덜어 주려 하였고요. 게
다가 보기 드물게 강직하고 청렴하여 당파를 초월해 인정
받으셨지요.

이원익　허허, 좋게 보아 주셔서 감사할 따름입니다.

김딴지 변호사　증인에게 질문하겠습니다. 임진왜란이 처음 터졌
을 당시 증인의 직책과 임무는 구체적으로 어떤 것이었나요?

이원익　그때 저는 평안도 순찰사로서 평안도를 총괄하는 직책이
었지만 피고인 선조 임금을 호위하는 것이 주된 임무였습니다.

김딴지 변호사　그렇다면 당시 피고의 행동에 대해서 잘 알 수 있는
위치에 있었겠군요?

이원익　그렇지요.

김딴지 변호사　피고가 명나라로 망명하려 한 것은 신하들의 주청
에 따른 것입니까?

이원익　그렇지 않습니다. 평양을 떠나 영변에 닿은 6월 13일에 선
조 임금 스스로 먼저 말했는데, 그때 우리는 너무나 놀랐습니다. 세
상에, 자신이 다스리는 나라와 백성을 버리고 외국으로 몸을 피하는
왕이 어디 있답니까? 전세가 비록 불리하긴 했지만 왕으로서 어떻

게든 대책을 찾아내서 백성을 구할 생각은 하지 않고 "반드시 압록강을 건널 것이다", "죽어도 명나라에 가서 죽을 것이다"라고 외치는 것을 보았을 때는 정말 이루 말할 수 없이 실망했습니다.

전세
전쟁의 형편이나 형세, 상황 등을 의미합니다.

　신하들도 모처럼 당파를 초월하여 하나가 되어 망명에 반대했지만 선조 임금은 절대 뜻을 굽히지 않았습니다. 오히려 빨리 처리하지 않고 뭐하느냐고 안달하는데 얼마나 난처하던지요. 하지만 왕이 시키는데 어찌겠습니까? 결국 명나라에 사신을 보내 선조 임금의 망명 의사를 타진하기에 이르렀지요.

김딴지 변호사　　휴, 그랬군요. 그럼 명나라는 피고의 망명을 받아 주었습니까?

이원익　　허허, 기대할 걸 기대해야지요! 왜적은 기세등등하게 잡아먹을 듯 밀려오고 조선은 바람 앞의 촛불 같고…… 당시 명나라가 조선 왕의 망명을 달가워했겠습니까? 입장을 바꿔 생각하면 곧 답이 나올 텐데도 선조 임금은 거부당할 가능성을 조금도 염두에 두지 않았습니다.

김딴지 변호사　　결국 어떻게 되었나요?

이원익　　명나라는 선조 임금이 기대했던 호위 부대 대신 건너오면 가만두지 않겠다는 경고를 보냈습니다. 그리고는 정 오고 싶으면 여진족 거주지 인근에 숙소를 마련하였으니 그리로 가라는 통보를 보내왔지요. 옆에 있던 내가 얼굴이 화끈거릴 정도였습니다. 에휴!

여기저기서 개탄하는 소리가 들리고 배심원단도 기가 막히다는 표정으로 선조를 바라보았다. 선조는 붉어진 얼굴로 어쩔 줄 몰라 하는 표정이었다.

왜 이순신은 백의종군했을까?

3

조선 수군의
뛰어난 전술

이원익이 증인석에서 내려오자 이대로 변호사가 발언을 요청
했다.

이대로 변호사   이의 있습니다, 판사님! 원고 측의 주장은 지금까지
알려진 사실을 반복한 것에 지나지 않습니다. 원고가 바다를 지켰기
때문에 전쟁에서 이겼다는 것과 피고가 피란한 것을 아주 부정적으
로 보는 시각은 사실과 다릅니다.

판사   구체적으로 말씀해 보세요.

이대로 변호사   먼저 원고 이순신은 5월 3일부터 6월 10일까지 두
차례 출격에서 대단한 전과를 올렸다고 했습니다. 겉으로만 보면 그
런 것 같지만 '바다를 막아 왜적을 물리쳤다'는 주장은 지나친 과장

이라고 생각합니다.

일단 원고가 맞서 싸웠던 적들의 규모를 살펴보십시오. 원고 측에서는 더 많았다고 하는 것 같은데, 제가 갖고 있는 자료에 의하면 적의 규모가 가장 컸던 것이 첫 전투인 옥포에서 만난 30척이었고 나머지는 기껏해야 20여 척 정도에 지나지 않았습니다. 도요토미 히데요시가 수군으로 하여금 서해를 거슬러서 진격하게 한다는 '수륙병진책'을 계획하고 행동에 옮겼다면 최소한 500척에 달하는 대함대를 파견했어야 마땅하지 않겠습니까?

하지만 원고가 맞섰던 것은 모두 합쳐 봐야 100척이 약간 넘었을 뿐입니다. 게다가 5월 3일에 도성이 함락되었다면 적의 수군도 서해를 거슬러 올라와 한강 가까이 와 있어야 했을 텐데 전부 남해를 벗어나지 못하고 있다가 각개 격파 당했으니 그것 역시 기존의 주장에 문제를 제기할 수 있는 부분입니다. 모든 것을 종합해 볼 때 당시 원고가 마주친 적은 전쟁의 향방에 영향을 줄 만큼은 아니었던 게 분명합니다.

이대로 변호사의 반론에 모두의 눈과 귀가 집중되었다.

이대로 변호사   그럼 이번에는 원고에게 질문하겠습니다. 본인의 입으로 대단한 전과를 거두었다고 했는데 어떤 전리품을 획득하셨습니까?

이순신   주로 쌀과 비단 같은 것이었으며 적의 기밀 서류와 갑옷

들도 포함되었고 잡혀갔던 백성을 구해 오기도 했어요.

이대로 변호사　　적의 배에 있었던 쌀과 비단은 그들이 우리 백성들에게서 빼앗은 것이 분명합니다. 쌀은 몰라도 전쟁에 별로 필요하지 않은 비단을 일본에서부터 가져왔을 리는 만무하니까요. 만일 그들이 정말 수륙병진책을 쓰고 있었다면 증원 부대라든가 조총에 필요한 화약과 실탄 등의 전략 물자가 실려 있었을 텐데, 원고는 그런 물자를 실은 적함을 발견한 적이 있습니까?

이순신　　없습니다.

이대로 변호사　　그렇다면 원고가 물리친 적은 도적질이나 일삼던 왜구 같은 자들이 분명하군요. 그렇지 않습니까?

이순신　　음, 그렇게 볼 수도 있을 것 같소.

이대로 변호사　　그렇다면 '바다를 막아 적을 물리쳤다'는 원고 측의 주장은 틀린 것 아닙니까?

김딴지 변호사　　이의 있습니다, 판사님! 피고 측은 진실을 흐리고 있습니다! 초기의 전과를 가지고…….

판사　　원고 측의 반박은 받아들이지 않겠습니다. 피고 측은 계속하세요.

이대로 변호사　　이 부분의 입증을 위해 증인을 신청하겠습니다.

판사　　누구죠?

이대로 변호사　　일본군 장수였던 고니시 유키나가입니다.

　　선조 측에서 적장을 증인으로 신청한다는 소리에 다들 호기심 어린 표정으로 눈을 동그랗게 떴다. 판사가 허락하자 피고 측의 증인이 들어왔다.

이대로 변호사   증인, 당시 적장으로서 이 자리에 나오기가 힘들었을 텐데요, 이렇게 나와 주셔서 감사합니다.

고니시 유키나가   아닙니다.

이대로 변호사   증인은 전쟁이 끝난 뒤에도 죽은 도요토미 히데요시에게 충성하여 싸우다가 죽임을 당했을 정도로 도요토미 히데요시의 심복으로서 임진왜란에 참전했지요. 당시 일본군이 부산에 상륙한 지 불과 20일 만에 한양을 빼앗았는데요, 한양까지 오는 도중에 어려움은 없었습니까?

고니시 유키나가   부산의 정발과 동래의 송상현이 약간 저항한 것과 충주에서 조선 제일의 용장이라는 신립이 고맙게도 조총의 밀집 대열로 뛰어들어 준 것 말고는 전투라고 할 것이 없었습니다. ▶처음에는 한바탕 악전고투를 각오했는데 너무 잘 풀리는 바람에 어리둥절하기까지 했지요. 나중에 원인을 알게 되었을 때는 정말이지 어이가 없을 정도였어요.

이대로 변호사   증인이 서울을 점령한 5월 3일은 원고가 1차 출격을 마친 날이었고, 증인이 평양까지 나아간 게 6월 10일인데 그때는 증인이 조선에 상륙한 지 거의 두 달 가까이 되었을 때이지요. 혹시 증인은 보급의 곤란을 겪지는 않았습니까?

왜 이순신은 백의종군했을까?

고니시 유키나가　　보급에는 그리 차질이 없었습니다. 오히려 전쟁에서 이겼다고 사기가 하늘을 찌를 것 같았으니까요.

이대로 변호사　　그렇다면 수륙병진책을 저지하여 전황을 순식간에 뒤집었다는 원고 측 주장은 사실과 다르다는 말입니까?

고니시 유키나가　　수륙병진책이 기본 전략이기는 했지만 그때는 실행하지 않았습니다. 정확히 말하자면 그럴 수 있는 환경이 아니었지요.

이대로 변호사　　보다 구체적으로 증언해 주십시오.

고니시 유키나가　　우리가 오직 앞만 보고 달린 것은 '적의 수도를 빼앗으면 전쟁은 끝'이라는 일본의 전통에 의한 것이었습니다. 그때 조선이 너무나 허약했기 때문에 우리는 순식간에 한양을 점령하여 전쟁을 끝내려고 했습니다. 실제로 육군이 너무나 급격히 한양으로 진격하다 보니 수륙병진책은 뒷전으로 밀릴 수밖에 없었지요.

이대로 변호사　　그렇다면 원고에게 격파당한 수군은 무엇입니까?

고니시 유키나가　　약간의 공이라도 세워 볼까 하고 나갔던 자들로 그리 대단한 조직은 아니었습니다.

이대로 변호사　　그러면 바다를 장악해 보급을 차단한 것이 결정적이었다는 원고의 주장은 과장인가요?

고니시 유키나가　　당시 상황으로 보면 그렇지요.

　　고니시 유키나가의 증언에 방청석이 술렁였다. 선조를 편들던 자들까지 놀랍다는 기색이 역력한 가운데 선조가 단단히 준비하고 나

온 이대로 변호사를 흡족한 표정으로 바라보았다.

이대로 변호사　　　계속해서 증인에게 질문하겠습니다. 증인은 부산에서 한양까지는 20일 만에 쳐들어왔으면서 훨씬 거리가 짧은 한양에서 평양까지 가는 데에는 한 달을 훨씬 넘겼습니다. 왜 그랬지요?
고니시 유키나가　　　음, 그건요, 사실 한양을 점령했으니 갈 곳이 없어진 조선 왕이 혹시 자결하지나 않을까 생각하고 있었지요. 그래서 그동안의 피로를 풀면서 느긋하게 기다렸는데 도무지 그런 소식이 전해 오지 않았어요. 그러다 거의 열흘이나 지난 다음에야 왕이 도망쳤다는 것을 알게 되었지요. 참으로 황당했습니다! 왕이 전쟁터가 된 나라를 놔두고 피란길에 오르다니요? 우리 상식과는 너무나 달라서 도요토미 히데요시도 어떻게 그런 일이 발생할 수 있는지 기막혀했다니까요.

어떻게 해야 할지 감을 잡을 수 없었지만 아직 승리하지 못한 것만은 분명했습니다. 일단 도요토미 히데요시에게 보고하고 명령을 받아야 했지만 일본으로 상황이 전달된 다음 새로운 명령이 도착하려면 최소한 20일이 넘게 걸렸기 때문에 어쩔 수 없이 한양에 머물러야 했습니다.

고니시 유키나가의 말이 끝나자 이대로 변호사가 판사를 향해 말했다.

이대로 변호사   자, 들으셨습니까? 증언에 따르면 피고가 재빠르게 상황을 판단하여 피신한 결과 일본군의 의표를 찌르게 된 것입니다. 원고 측은 피고를 매도하는 데에만 열중하여 진실을 외면하고 있으며 오직 원고가 아니었다면 전쟁에서 이길 수 없었을 거라고 우기고 있습니다.

또한 명나라 부대가 이미 6월에 도착하고 7월 17일에는 고니시 유키나가가 점령하고 있는 평양을 공격하여 전황에 변화를 주었음에도 12월 말에나 들어왔다고 주장하는 등 고의적이며 악의적인 태도로 일관하고 있으니 판사님과 배심원단께서 현명하게 판단해 주십시오.

이대로 변호사가 의기양양한 표정으로 발언을 마치자마자 이번에는 김딴지 변호사의 반론이 이어졌다.

김딴지 변호사　판사님! 피고 측 변호인이야말로 악의적인 왜곡을 일삼으며 진실을 숨기고 있습니다!

판사　차근차근 얘기해 보세요.

김딴지 변호사　먼저 12월 이전에 들어온 명나라 부대가 전황에 영향을 줄 정도로 활약했다는 주장부터 틀렸습니다! 조승훈이라는 자가 지휘하는 명나라 부대가 6월에 들어온 것은 사실이지만 병사가 5000명 정도에 불과했고, 그나마 피고가 국경을 넘어 명나라로 망명하지 못하도록 막는 임무를 부여받았을 뿐입니다. 게다가 그들은 평양성에서 왜적에게 크게 패하여 절반 이상이 죽거나 부상을 당하는 피해를 입었는데 어떻게 전황에 영향을 줄 수 있었겠습니까? 오히려 왜적으로 하여금 명나라도 별것 아니라는 자신감만 안겨 줬지요! 판사님, 여기서 잠깐 제가 피고 측 증인에게 질문해도 되겠습니까?

판사　그렇게 하세요.

김딴지 변호사　감사합니다. 증인, 당시 일본군이 평양에 들어갔을 때의 상황이 궁금합니다. 어려움은 없었나요?

고니시 유키나가   한양에 있을 때는 보급이 곤란하지 않았지만 평양에 들어간 이후에는 사정이 달라졌습니다. 다행히 조선군이 미처 불태우지 못하고 남겨 둔 곡식이 많았기 때문에 그럭저럭 괜찮았지만 계속 북상하여 소기의 목적을 달성하기 위해서는 제대로 된 군수 보급이 절실했습니다. 이제야말로 수륙병진책을 실행할 타이밍이었지요. 그런데 아주 심각한 문제가 발생했어요.

김딴지 변호사   원고인 이순신 때문이었군요?

고니시 유키나가   그렇습니다. 그 무렵 우리 일본군의 전투 능력과 상태는 아주 좋았습니다. 그때까지의 일본 역사상 최강의 함대였지요. 우리는 수륙병진책을 실행하기 위해 길부터 닦아야겠다고 판단했어요. 그리고 제 아무리 이순신이 강하다고 해도 어렵지 않게 제압할 수 있을 것으로 확신했습니다만……

고니시 유키나가가 말을 머뭇거렸다. 뭔가 괴로운 기억이 떠오른 듯했다.

김딴지 변호사   증언 감사합니다. 그러면 이제부터는 원고에게 질문하겠습니다. '한산도 대첩'으로 기록된 역사적 해전의 과정을 증언해 주시기 바랍니다.

이순신이 일어서자 모두의 시선이 집중되었다. 일본인들까지도 은연중에 이순신을 존경하는 눈치가 역력했다.

경상남도 통영에 있는 포구입니다.

50리
1리는 약 392미터입니다. 50리는 약 20킬로미터이지요.

학익진
전투에서 사용하는 전술 중의 하나로 학이 날개를 펼친 듯 적을 포위하여 공격하는 것을 말합니다.

이순신   흠, 이제 한산도 대첩을 이야기할 때가 온 건가요? 차근차근 설명하도록 하겠습니다. 왜적과 싸우기 위해 우리 함대가 모두 모인 것이 7월 6일이었습니다. 내가 판옥선 24척에 거북선 3척을 거느리고 있었고 이억기가 25척, 원균이 7척으로서 모두 59척이었지만 적에 비해서는 확실히 부족했습니다.

그날 출발하여 왜적의 움직임을 살피고 있는데 바람과 풍랑이 심하여 우리는 잠시 함대를 당포에 정박시켰지요. 그리고 저녁을 지어 먹으려고 했는데 그때 김천손이라는 목동 청년이 무려 50리나 달려와 왜적의 움직임을 전해 주었습니다.

김딴지 변호사   제보를 받은 것이로군요. 뭐라고 말해 주던가요?

이순신   70척이나 되는 적의 함대가 당포 건너편인 한산도 견내량 부근에서 눈에 띄었다는 것이었습니다. 결정적 제보에 얼마나 기뻤는지 모른답니다.

다음 날 함대를 이끌고 한산도로 출격했습니다. 원균과 이억기를 좌우에 매복시킨 다음 견내량을 거슬러 올라가니 과연 대규모의 적 함대가 있었습니다. 일단 몇 척을 보내 유인하니까 왜적의 함대가 덥석 미끼를 물었지요. 내가 우리 함대에 퇴각 명령을 내리자 왜적이 열심히 뒤따라오더군요. 우리는 일단 견내량을 벗어나 넓은 바다로 나간 다음 일제히 함대를 돌려 학익진을 펼쳤고 좌우에 매복했던 원균과 이억기가 달려 나와 합세하니 적은 졸지에 그물에 갇힌 생선처럼 되었습니다. 거북선의 활약이 돋보였던 때가 바로 그 순간

이었지요!

김딴지 변호사   그 유명한 학익진 전술을 펼친 겁니까? 한산도 대첩이 정말 대단했군요.

이순신   네. 한산도에서 구사일생으로 달아난 일본 배는 14척에 불과했고 최소한 5000명 이상의 일본군이 전사했으니 엄청난 전과를 거두었던 겁니다. 하나 얘기해 드릴까요? 그때 적장 와키자카 야스하루는 거의 죽을 뻔했다가 겨우 무인도로 헤엄쳐 목숨을 건졌는데요. 와키자카를 비롯한 패잔병들은 미역을 비롯한 해초를 주워 먹으며 연명하다가 뗏목을 엮어 타고 탈출했다고 합니다. 그런데 이때의 충격이 어찌나 컸던지 와키자카의 후손들은 그날을 기념해 매년 7월 8일이 되면 물미역을 먹었다고 하지요!

"와아! 역시 이순신!"
"이순신의 활약이 정말 대단하네!"
방청객들이 환호성을 질렀다.

김딴지 변호사   이만하면 피고 측의 주장이 얼마나 잘못되었는지 충분히 아셨을 것입니다. 피고 선조는 왕으로서 매우 무책임하게 행동했고, 원고가 없었다면 나라가 망했을 것입니다! 피고는 지금이라도 당시의 국왕으로서 전쟁 상황을 제대로 수습하지 못한 책임을 인정하고 진심으로 사과해야 마땅할 것입니다.

판사   더 진행할 내용이 있습니까?

김딴지 변호사　네, 아직 더 있습니다. 원고는 한산도 대첩 이후 그곳에 기지를 건설하셨지요? 그 과정을 잠시 듣고 싶습니다.

이순신　원래 나의 기지는 전라도 여수에 있었습니다. 그런데 전쟁으로 전라도가 너무나 피폐해졌기 때문에 그곳에서 전투 준비를 하기에는 무리가 있었어요. 그리고 일본군이 부산 연안 곳곳에 숨어 있는데 우리 조선군이 그쪽으로 나아가기가 어려웠거든요. 그래서 중간 지역인 한산도를 튼튼히 할 필요가 있었지요. 게다가 한산도는 자급자족할 수 있는 여건까지 갖춘 곳이었습니다. 전쟁은 보급과의 싸움이라고 해도 과언이 아닐 만큼 적을 막고 이기기 위해서는 우선 보급에 차질이 없도록 해야 하거든요.

김딴지 변호사　그렇군요. 원고의 지혜와 안목이 놀랍습니다!

이순신　그리고 당시 우리는 바다에서의 전투에는 매우 강했지만 육지에서는 그렇지 못했습니다. 실제로 왜적이 전라도를 통해 육지 진입을 시도했다가 김시민 장군이 지키는 진주성에서 크게 진 다음 물러났던 일이 있었어요. 그때 만일 진주가 뚫렸다면 나의 사령부가 있는 여수는 어찌 되었겠습니까? 그래서 한산도에서 먼저 적군을 막으려고 했지요.

김딴지 변호사　정말 멋진 생각이네요! 그런데 그때 원고는 전라도 쪽을 책임지는 전라 좌수사의 신분이었는데 어떻게 경상 우수영 소속인 한산도에 기지를 건설할 수 있었나요?

이순신　한산도 대첩 이후 나는 역사상 처음으로 '삼도 수군통제사'에 취임하게 됨으로써 경상 우수영도 나의 지휘를 받는 구역이 되었어요. 그런데 그때부터 좀 엉뚱한 데서 문제가 발생했습니다.

김딴지 변호사　　그게 뭐지요?

이순신　　내가 삼도 수군통제사가 되자 나에 대한 모함이 시작되었어요. 본래 나무가 자랄수록 거센 바람을 맞게 마련이라 시기와 모함을 당하는 것은 자연스러운 일일 수도 있지만, 내가 왜적에 맞서 싸우려 하지 않는다는 모함은 정말 참기 어려웠습니다. 게다가 그런 모함을 한 자가 원균이었으니 어찌 기가 막히지 않겠습니까?

김딴지 변호사　　아니, 원균이오? 세상에 그런 일도 있었습니까? 대체 왜 그랬을까요?

이순신　　원균이 나를 모함한 것은 삼도 수군통제사 자리가 탐났기 때문이 아니었나 생각합니다. 그 직책을 맡기 전에는 그러지 않았거든요. 원균은 그동안 나와 협조적으로 왜적에 맞서 잘 싸워 왔는데, 삼도 수군통제사라는 직책이 새로 생기고 내가 물망에 오르자 "나이도 나보다 어리고 후배인 이순신의 밑으로 들어갈 수는 없다"며 불만을 터뜨렸습니다.

김딴지 변호사　　전쟁을 나이로 하는 건 아니지 않습니까? 원균 입장이 이해되지 않는 건 아니지만 좀 유감스럽군요.

이순신　　그러게요. 하지만 여러 실랑이 끝에 조정에서는 나를 그대로 삼도 수군통제사로 임명하였고 원균을 경상 우수사에서 해임하고 충청도 병마절도사로 발령 내렸습니다. 그래서 내가 함대를 이

끌고 한산도에 들어가게 되었지요. 그게 1593년 7월 14일이었습니
다. 개인적으로는 정말 감격스러웠어요.

    모두들 이순신을 바라보며 고개를 끄덕였다.

판사   오늘 재판에서는 임진왜란 초기의 급박했던 상황과 당시 원고와 피고의 마음에 대해 알아보았습니다. 두 번째 재판은 이것으로 마치겠습니다. 다음 재판이 마지막이니까 원고와 피고는 각별히 준비해 주세요.

땅, 땅, 땅!

왜 이순신은 백의종군했을까?

이순신이 남긴 시조

　이순신은 무인이었지만 시문에도 매우 능하여 임진왜란을 겪으며 『난중일
기』를 비롯한 여러 편의 뛰어난 글과 한시를 남겼습니다. 이순신의 시에는 당
시 전쟁을 지휘하며 나라를 걱정하던 절절한 마음이 오롯이 담겨 있지요. 한
산도에서 왜적에 맞서 싸울 당시에 남긴 시 몇 편을 한번 살펴볼까요?

〈진에서 읊다〉

비바람 부슬부슬 흩뿌리는 밤
생각만 아물아물 잠 못 이루고
쓸개가 기는 듯 아픈 이 가슴
살을 에는 양 쓰린 이 마음

강산은 참혹한 꼴 그냥 그대로
물고기 날새들도 슬피 우누나
나라는 허둥지둥 어지럽건만
바로잡아 세울 이 아무도 없네

제갈량 중원 회복 어찌했던고
내달리던 곽자의 그리웁구나

몇 해를 원수막이 해 놓은 일들
이제 와 돌아보니 임만 속였네.

—1594년(선조 27) 9월 3일

〈한산섬〉

한산섬 달 밝은 밤에 수루에 혼자 앉아
큰 칼 옆에 차고 깊은 시름 하는 차에
어디서 일성호가는 남의 애를 끊나니.

—1597년(선조 30) 8월 15일

왜 이순신은 백의종군했을까?

다알지 기자

오늘은 이순신 대 선조의 두 번째 재판이 있었습니다. 이번 재판에서는 일본이 조선을 침입해 임진왜란이 터졌던 바로 그 순간에 대한 본격적인 논의가 있었습니다. 우선 피고 선조 측에서는 도요토미 히데요시를 증인으로 불러 엄청난 시선을 끌었지요. 증인 도요토미 히데요시는 원고 이순신과 잠시 불편한 모습을 보이는 것 같기도 했으나, 왜 조선을 침략하게 되었는지 당시 일본 내부 사정을 증언해 주었습니다. 그리고 원고 측에서는 유성룡과 이원익이 나와 전쟁 초기 상황을 설명하며 피고에게 강한 압박을 주었습니다. 자, 그러면 원고 이순신과 피고 선조에게 직접 여쭤 보겠습니다. 두 번째 재판을 마친 소감이 어떻습니까?

이순신

재판이 거듭될수록 진실이 더욱 분명하게 드러나는 것 같습니다. 내가 옥포에서 첫 승리를 거둔 것을 시작으로 연이은 전투에서 잇따라 승리하며 남해를 지킨 반면에, 선조 임금은 한 나라의 국왕으로서 책임을 회피하고 몸을 숨기기에 급급했습니다. 명나라로 망명하려는 것을 신하들이 간곡히 말렸다고 하니 통탄할 노릇이지요! 그때 내가 목숨 걸고 나라를 지키지 않았다면 조선은 대체 어떻게 되었을까요? 상상만 해도 아찔합니다. 이제는 내 공로를 인정하고 모두들 이를 높이 평가해 주고 있지만, 당시에는 선조 임금과 원균의 견제까지 받으며 왜적에 맞서느라 몸과 마음이 많이 지쳐 있었습니다. 그래도 이번 재판에서 나의 이런 마음을 잘 알릴 수 있어서 뿌듯했습니다.

선조

　흠흠. 사실 지금 심기가 매우 불편합니다. 인
터뷰할 기분이 아니지요. 그래도 명색이 한 나라
의 왕이었던 나에게 이런 비난을 퍼부울 수 있는 겁
니까? 자꾸만 내가 나라를 버리고 혼자 살겠다고 명나라로 도망간 것
처럼 얘기하는데, 그때 내 심정이 어땠는지 알기나 하고 그러는 건가
요? 왜군이 파도처럼 한양을 향해 올라오니 내가 명나라에 도움을 청
하러 간 것입니다. 어떻게든 나라를 살려 보겠다고 말이지요. 광해군
에게 뒷일을 맡기는 등 여러 대책도 세워 놓았습니다. 그리고 국왕이
죽으면 그 나라는 끝인 겁니다. 나는 어떻게든 조선을 지켜 내기 위해
끝까지 버텼던 것이지요. 이제 잘 알겠습니까?

임진왜란의 기억을 간직한 유물

조선 시대에 있었던 전쟁, 임진왜란. 1592년부터 1598년까지 두 차례 일본의 침략을 받았던 전쟁이지요. 제2차 침략을 정유재란이라고 따로 부르기도 합니다. 임진왜란은 한반도를 전쟁터로 만들었고 많은 사람들을 고통에 빠뜨렸어요. 임진왜란의 기억이 담긴 유물을 살펴보며 당시의 어려운 상황을 짐작해 볼까요?

『임진장초』

임진왜란 때 이순신이 나라에 올린 글들을 모아 옮겨 적은 것으로 임진왜란 당시의 상황을 알 수 있는 책이지요. 국보 제76호로 지정되어 있습니다. 여러 해전의 경과에서부터 왜군의 상황과 다치고 죽은 사람의 이름까지 꼼꼼하게 기록되어 있답니다.

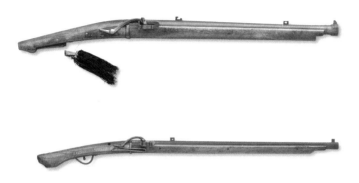

조총

일본은 임진왜란을 일으키기 약 50년 전에 포르투갈 상인으로부터
소총을 구입했어요. 바로 철포인데요, 이 철포로 날아다니는 새도 떨
어뜨려서 잡을 만하다고 하여 '새 조(鳥)'를 써서 조총이라고 불렀답
니다. 명중률이 뛰어나고 위력이 좋았던 조총은 당시 일본군의 중요
한 무기 중 하나였지요.

비격진천뢰

조선 선조 때 이장손이 만든 폭탄이에요. 폭발과 함께 큰 소리를 내서 '하늘을 진동시키는 소리를 낸다'는 뜻의 이름이 붙여졌지요. 겉모습은 공 같고 윗부분에 사각형의 구멍이 있어요. 그리고 옆에는 화약을 넣는 구멍이 있지요. 일종의 시한폭탄으로 폭발 시간을 조절할 수 있는 게 특징이랍니다. 사진 속 유물은 복제된 것이에요.

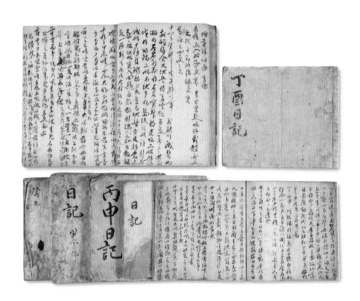

『난중일기』

이순신이 임진왜란을 겪은 7년 동안 쓴 일기예요. 모두 7권으로 이루어져 있으며, 전쟁이 일어난 해인 1592년 1월 1일 자부터 일기가 적혀 있어요. 그리고 이순신이 전사하기 2일 전인 1598년 11월 17일 일기로 끝맺고 있지요. 여러 전투 중에 일어난 일을 솔직하게 적어 내려간 것이 특징이랍니다. 『임진장초』와 함께 국보 제76호로 지정되어 있어요.

선조가 이순신을 물러나게 한 까닭은 무엇일까?

교과연계

역사
V. 조선의 성립과 발전
  4. 외세의 침략과 조선의 대응
    (1) 일본의 침략과 조선의 대응

감옥에 갇힌 이순신

모두 입정한 가운데 판사가 재판 시작을 알렸다.

판사 오늘은 재판의 마지막 날인 만큼 원고와 피고는 각별히 신중하게 임하기 바랍니다. 특히 소란을 피우거나 적법하지 않은 행동은 자제해 주세요. 원고 측부터 시작할까요?

김딴지 변호사 재판 마지막 날인 오늘 저는 여러분께 중대한 사실을 밝힐 것입니다! 바로 피고 선조가 임진왜란 당시 어리석은 행동으로 왜적에게 오히려 유리한 상황을 만들어 준 데 이어, 정유재란이 발발하기 직전에 원고 이순신을 체포하여 죽이려 했다는 점입니다! 그뿐만이 아닙니다. 피고가 원균에게 지휘를 맡기는 바람에 하마터면 나라를 왜적에게 갖다 바칠 뻔했지요.

"아니, 뭐라고?"

방청석이 술렁였다. 선조가 벌떡 일어나며 소리쳤다.

정유재란
1592년의 임진왜란 이후 일본과 조선의 화해 시도가 실패로 돌아가자, 일본은 1597년에 다시 조선을 쳐들어왔습니다. 이때의 제2차 침략 전쟁을 정유재란이라고 하며, 이순신 장군의 활약으로 1년 뒤인 1598년에 모두 끝이 났지요.

선조 나는 그런 적 없습니다! 왜 하지도 않은 일에 대해서 책임을 지라는 것입니까?

김딴지 변호사 그럼 대체 누가 삼도 수군통제사였던 원고를 해임하고 체포하라고 명령했다는 것입니까? 피고보다 높은 사람이 있었다는 말인가요?

선조 음, 그건, 조정에서 합의된 것에 단지 도장을 찍은 것뿐이었는데…… 그러니까 그게…….

이대로 변호사가 황급히 선조의 입을 막은 다음 판사에게 발언을 요청했다.

이대로 변호사 당시 상황을 자세히 짚고 넘어가야 합니다. 잠시 원고에게 질문하겠습니다. 피고가 원고를 직위에서 물러나게 한 건 사실입니다. 그런데 아무런 이유 없이 그랬을까요? 원고 이순신은 정유재란이 일어나기 직전에 나가 싸우라는 조정의 출전 명령을 따르지 않은 적이 있지요?

이순신 그건…….

이대로 변호사 네, 아니오로 대답하세요.

이순신 흠! 네, 그런 적이 있었지요.

백의종군
벼슬을 내려놓고 군대를 따라 싸움터로 가는 것을 뜻합니다.

이대로 변호사   후훗. 여러분, 들으셨습니까? 전쟁 시에 국왕의 출전 명령을 거부하다니, 이건 사형감이지요!

이순신   하지만 그건 어쩔 수 없는 상황…….

이대로 변호사   들으신 바와 같이 피고가 그런 명령을 내린 것은 사실이지만 원인을 제공한 사람은 어디까지나 원고입니다. 이순신이 그런 죄를 저질렀음에도 피고는 원고를 사형에 처하지 않고 백의종군하여 속죄하도록 기회를 주었으니 대단히 관대한 처분이라고 할 수 있지요. 그런 만큼 원고 측의 주장은 전혀 근거가 없습니다.

김딴지 변호사   판사님, 증인을 신청하겠습니다. 당시 상황을 누구보다도 정확하게 증언해 줄 수 있는 사람, 역사의 목격자, 바로 피고 선조의 둘째 아들 광해군입니다!

판사   받아들입니다.

광해군이 들어오자 모두의 시선이 순식간에 광해군에게 쏠렸다. 예리한 눈빛이 인상적인 그는 연산군과 함께 폭군의 대명사처럼 불리는 인물이다. 선조의 아들로서 한때 조선의 왕이었다가 쫓겨난 광해군이 들어오자 법정이 술렁거렸다. 증인 선서를 하는 광해군의 시선이 선조에게로 향하자 선조가 짐짓 고개를 돌려 외면했다.

김딴지 변호사   증인은 피고의 차남으로서 전쟁이 발발한 직후 세자가 된 다음 피고에게 국왕으로서의 권한을 위임받은 사실이 있습니다. 전황이 절대적으로 불리함에도 전쟁터 곳곳을 돌아다니며 전쟁을 지휘하고 백성을 어루만졌으며, 이후 원고 등이 활약하여 전황이 좋아진 뒤에도 늘 백성들을 위해 노심초사하였습니다. 특히 종주국인 명나라의 신임이 커서 정유재란 때는 증인으로 하여금 전쟁의 지휘를 맡게 했지요. 그런 만큼 증인은 전쟁의 전반적인 상황과 세부적인 부분까지 세세히 알고 있는 몇 안 되는 사람 가운데 하나입니다. 혹시 제 말에 틀린 점이 있습니까?

광해군　　모두 맞는 설명입니다.

김딴지 변호사　　증인이 차남임에도 불구하고 세자가 될 수 있던 것은 그만큼 피고의 사랑과 신뢰를 받았다는 증거가 되겠군요?

광해군　　훗, 그렇지 않습니다! 사랑과 신뢰라니요? 부왕께서는 본래 세자를 세울 마음이 전혀 없었습니다. 정여립 사건으로 동인에게 타격을 가했던 서인이 반격을 당해 겨우 잡았던 정권을 다시 빼앗기게 된 것도 부왕께 세자를 정해 놓자고 말했기 때문이었습니다. 당시 왕비에게는 아이가 없었고 후궁이 낳은 왕자가 무려 열네 명이나 되었어요. 부왕도 그때로서는 많은 나이라 할 수 있는 40대에 접어들었고요. 서인들의 대표인 정철이 후궁 소생의 왕자들 가운데서라도 세자를 세울 때가 되지 않았냐고 건의한 것은 충분히 타당했습니다. 하지만 부왕은 그러기는커녕 그 말이 나오기를 기다렸다는 듯이 정철을 제거하고 서인을 내쳤으니 조정이 어떻게 되었겠습니까?

김딴지 변호사　　피고가 왜 그랬을까요? 왕인 자신이 멀쩡히 살아

정철
조선 명종과 선조 때의 문신이자 시인으로『관동별곡』,『사미인곡』을 쓴 것으로 유명합니다. 한국 문학에 매우 큰 기여를 했지요.

있는데 후계자를 정하라는 말을 들으니 꺼림해서 그랬던 걸까요?

광해군　흠, 그건 본인만이 알겠지요. 그러지 않아도 정여립 사건으로 풍비박산이 난 판에 다시 서인을 몰아내는 바람에 조선 정부는 거의 마비 상태에 빠지고 말았습니다. 전쟁 초기에 휘청거리지 않았다면 오히려 이상할 정도였지요.

　　그런데 의외의 일이 일어났습니다. 그랬던 부왕께서 전쟁이 일어나 왜적이 무섭게 진격해 오자 느닷없이 중신 회의를 소집하더니 저를 세자로 책봉했습니다. 그때는 사실 좀 어안이 벙벙했죠.

김딴지 변호사　피고가 왜 증인을 세자로 삼았던 것입니까?

광해군　그래도 제가 가장 똑똑하다고 판단한 결과이겠지만 사실은 나라를 버리기 위해서였습니다. 비록 자신은 명나라로 몸을 숨긴다고 해도 누군가는 도성에서 상황을 수습하고 책임을 져야 하지 않겠습니까? 제게는 머지않아 멸망할 조선의 선장 노릇을 하다가 함께 침몰할 의무가 주어졌을 뿐입니다. 그러다가 명나라가 망명을 받아 주지 않고 의외로 전황이 좋아지자 부왕께서 다시 조선의 왕 노릇을 하게 되었는데, 어쩌면 그렇게 적에게 유리한 일만 골라서 하는지 차라리 명나라로 망명하는 것이 백번 나을 지경이었습니다.

김딴지 변호사　그래요? 정말 궁금하군요. 보다 상세히 말해 주십시오.

광해군　정유재란이 일어나자 부왕께선 이순신에게 가장 유명한 적장인 가토 기요마사를 잡아 오라고 명령을 내렸어요. 조선에서 가토의 목을 가져올 수 있는 사람은 오직 원고, 이순신 장군이 유일했기 때문에 당장 가토의 목을 가져오라고 명령한 게 한편으론 당연하게 보일지 모르겠지만, 사실 이는 애초부터 불가능한 일이었습니다.

김딴지 변호사   왜 그렇지요?

광해군   첫째, 가토의 움직임에 대해 정보를 준 사람이 똑같이 적장인 고니시 유키나가였다는 점입니다. 적장이 준 정보를 그대로 믿고 작전을 짜는 사람이 세상에 어디 있다는 말입니까?

김딴지 변호사   저런! 당연히 신뢰할 수 없었겠군요.

이때 피고 측의 이대로 변호사가 자리에서 벌떡 일어났다.

이대로 변호사 　잠시만요. 이의 있습니다! 고니시 유키나가가 적장인 것은 맞지만 그는 본래 전쟁을 싫어하고 조선에 우호적이었으며 여러 차례 먼저 협상을 제의하고 성의 있게 임하는 등 일반적인 적장과는 달랐습니다. 게다가 가토는 끝까지 전쟁을 고집한 강경파로서 고니시하고는 거의 원수지간처럼 사이가 나빴다는 것도 고려할 필요가 있습니다.

그때 고니시가 정보를 준 것은 그게 전쟁을 끝낼 수 있는 유일한 방도였기 때문입니다. 정보를 받은 피고의 명령대로 원고가 출격하여 가장 먼저 건너온 가토를 죽인다면 다른 자들이 겁을 먹은 나머지 건너오지 못하게 될 확률이 높지 않겠습니까? 그런 만큼 원고에게 나가 싸우라고 명령한 피고의 행위는 아무런 문제가 없으며 문제는 명령을 거부한 원고에게 있습니다.

김딴지 변호사 　증인은 피고 측의 주장에 동의합니까?

광해군 　동의 못합니다! 고니시가 아무리 조선에 우호적이라고 해도 본질적으로 왜적의 장수라는 사실에는 조금도 변함이 없습니다. 그리고 그가 전쟁에 반대한 것은 갈수록 승리에 대한 확신이 사라졌기 때문이지 결코 평화를 사랑해서가 아닙니다. 이순신이 왕의 명령에 따라 출전할 경우 죽는 사람은 가토가 아니라 이순신이 될 확률이 아주 높았습니다.

김딴지 변호사 　어째서 그렇습니까?

　왜 이순신은 백의종군했을까?

광해군　　그에 대해서는 원고에게 직접 물어보는 것이 좋을 것 같
군요.

　　이순신이 자리에서 천천히 일어나 무거운 표정으로 말을 꺼냈다.

이순신　　나라고 해서 왜 가토 기요마사를 잡고 싶지 않았겠습니
까? 문제는 그것이 함정이라는 데 있었지요. 일본은 쓰시마 섬에서
부산으로 이어지는 뱃길을 전쟁 물품의 보급 통로로 이용했는데 가
토 역시 그 길로 건너올 것이 분명했지요. 가토를 잡으려면 일본의
보급 통로로 가야 했는데 그것은 자살 행위나 마찬가지였습니다.
김딴지 변호사　　너무 무모한 짓이겠군요.
이순신　　그렇지요. 이미 왜적은 한산도 동쪽 해역 곳곳에 견고한
요새와 진지를 마련해 놓았기 때문에 그리로 들어가는 것은 스스로
적의 포위망에 들어가는 꼴이었습니다. 우리 조선 수군이 아무리 강
하다고 해도 적의 안방이나 다름없는 곳에 들어갈 수는 없는 노릇이
었지요.
김딴지 변호사　　그럼 원고는 당시 어떤 전략을 짜고 계셨나요?
이순신　　나는 언젠가 명나라와 일본의 협상이 깨지게 되면 이번에
는 왜적이 반드시 서해로 진출할 것이라 확신하고 그때 승부를 걸려
고 했습니다. 다시 한 번 적의 수군을 무너뜨리면 육군도 어쩔 수 없
이 물러서게 될 것이고 그러면 우리 조선은 완벽하게 승리할 수 있
다고 생각했지요.

김딴지 변호사   그런 뜻이 있었군요!

이순신   네. 임금의 명령 때문에 어쩔 수 없이 출격하여 언제 올지도 모르는 가토를 기다리다 보면 물과 식량이 떨어질 위험이 있었지요. 그러면 적에게 이미 모습이 노출되기 때문에 기진맥진한 상태에서 왜적에게 포위당할 것 같았어요. 이건 너무나 뻔한 함정이었기 때문에 도저히 출격할 수 없었습니다. 명령을 따르지 않으면 죽음밖에 없겠지만 애써 기른 자식 같은 수군을 적에게 바치고 나라를 망치느니 차라리 나 혼자 죽는 것을 택하는 게 나았습니다!

이순신의 비장한 말에 모두들 숨을 죽였다. 선조는 꿀 먹은 벙어리가 된 듯 입을 꾹 다물고 고개를 돌려 버렸다. 이때 증인석의 광해군이 조용히 손을 들며 발언을 요청했다.

광해군   제가 좀 덧붙이지요. 당시 비변사에서는 말도 안 되는 정보이지만 그래도 혹시 모르는 일이니 일단 자세히 알아본 다음 시행해도 늦지 않다고 했지만 부왕께선 전혀 들으려 하지 않았습니다.

생각해 보면 도요토미 히데요시도 참 대단해요. 이순신을 제거하기 위해 그런 함정을 파다니요. 이순신이 왕의 명령에 따라 나섰어도 죽었을 거고, 명령을 거부하면 거부한 걸로 또 죽게 되었을 테니까요. 적들이 이렇게 상대편 장수를 없애기 위해 열심히 머리를 굴리고 있는데 우리의 임금님은 그런 함정에 꼭두각시처럼 놀아나다니 지금도 당시를 생각하면 기가 막힙니다.

왜 이순신은 백의종군했을까?

김딴지 변호사　　증인의 심정은 충분히 이해할 수 있습니다. 귀한 증언 해 주셔서 정말 감사합니다. 이로써 증인 신문을 마치겠습니다.

　　광해군은 아버지인 선조와는 눈도 마주치지 않고 쓸쓸한 표정으로 법정을 나섰다. 김딴지 변호사가 말을 이었다.

김딴지 변호사　　이것으로 적의 계략에 빠진 피고가 절대 내려서는 안 될 명령을 내린 사실이 충분히 입증되었습니다. 그런데 피고의 어리석은 판단은 그것으로 그치지 않았습니다. 원고 이순신의 후임으로 원균을 임명하는 치명적인 실수를 범하는 바람에 수군을 몰락시키고 나라까지 위태롭게 하였으니 그 부분에 대해서도 명백하게 밝혀야 할 것입니다.

2

이순신과 원균의
진실 게임

판사　피고 선조가 원고의 후임으로 원균을 앉힌 것이 치명적인
실수였다고요?

이대로 변호사　잠시만요, 판사님! 그 얘기가 나올 줄 알고 저희도
철저히 준비를 했습니다. 저희 측에서 먼저 그 부분을 설명할 수 있
게 해 주십시오. 증인으로 당사자인 원균을 신청해 놓았습니다.

판사　네, 좋습니다.

　판사의 말이 떨어지자 원균이 모습을 드러내었다. 이순신의 경쟁자
로 알려진 원균이 나타나자 방청석에서도 다들 숨을 죽이고 지켜보았
다. 원균과 이순신은 서로 힐끗 본 뒤 고개를 돌려 버렸다.

　왜 이순신은 백의종군했을까?

이대로 변호사   증인, 나와 주서서 정말 감사합니다. 원고 측에서는 증인을 아주 부정적으로 몰아세우고 있는데 증인의 생각은 어떻습니까?

원균   말도 안 됩니다! 나는 전쟁 초기부터 몸을 돌보지 않고 싸웠으며 정유재란 당시에도 전하의 명을 충실히 따라 싸우다가 죽은 충신입니다. 비록 적이 너무 많아 이기지는 못했지만 이순신처럼 나가 싸우라는 왕의 명령을 거부하지 않았으니 충절을 의심받을 이유가 없지요!

이대로 변호사   증인의 주장을 입증할 근거가 있습니까?

원균   물론입니다. 전쟁이 끝난 다음 공을 세운 사람들을 포상하게 되었을 때 내가 일등 공신으로 봉해졌어요. 적과 싸워 공을 세운 공신은 모두 18명 정도로 드물었는데 특히 일등 공신은 나와 원고, 권율, 3명에 불과했습니다. 그것만 보아도 나의 공이 최소한 이순신이나 권율과 대등하다는 것이 충분히 입증되지 않습니까?

김딴지 변호사   이의 있습니다. 당시 공신이 어떻게 정해졌는지 제대로 안다면 증인이 저런 말은 하지 못할 거라고 생각합니다.

판사   원고 측 변호인은 구체적으로 설명해 보세요.

김딴지 변호사   전쟁이 끝난 다음 공을 세운 사람들을 나라에서 공신으로 책봉했는데 여기에는 사실 문제가 많았습니다. 선조가 자신의 피란길을 호위했던 무리 중에서 무려 86명을 공신으로 뽑았지만, 원고처럼 직접 적과 싸우며 공을 세운 사람 중 공신이 된 경우는 앞서 언급된 일등 공신 3명을 포함해 불과 18명밖에 되지 않았습니다.

그뿐만이 아니라 천강홍의장군으로 유명한 곽재우를 비롯해 의병장은 단 한 명도 공신이 되지 못했으며, 항복을 거부하고 끝까지 싸우다 전사한 부산포 첨사 정발 장군과 동래부사 송상현 등도 포함되지 못했으니 도저히 정상적인 선정이라고 할 수 없었습니다.

판사　왕을 호위하고 다닌 공도 공이라 할 수 있겠지만 아무래도 직접 적과 싸운 공이 훨씬 클 텐데 공신 선정이 왜 그렇게 되었지요?

김딴지 변호사　피고 자신과 당시 기득권층의 입장 때문이었습니다. 선조는 명나라로 몸을 피하려 했다가 명나라로부터 거절당하면서 왕으로서의 체통이 땅에 떨어졌기 때문에 어떻게든 권위를 되찾아야만 했습니다. 그러기 위한 첫 단계가 왜적과 직접 싸워 공을 세운 사람들을 제대로 평가해 주지 않는 것이었죠. 실제로 피고는 "오직 명나라가 나라를 구해 주었다"라고 말하곤 했습니다. 명나라 군대는 왜적들보다 더 큰 피해를 끼쳤음에도 불구하고 피고는 자신의 입지를 회복하기 위해 그들을 천병, 즉 '하늘에서 보낸 군대'라고 극찬하였습니다.

"아니, 왕으로서 어떻게 그럴 수 있지?"

"조선의 장수들을 깎아내리기 위해 명나라 군대를 치켜세워 줬다는 거야?"

방청석은 더욱 술렁였고 선조의 표정은 점점 더 굳어 갔다.

김딴지 변호사　피고는 자신의 주장을 합리화시키기 위해 자신을 졸졸 따라다닌 것밖에 없는 무능한 신하들과 내시들을 무더기로 공신 책봉하였으며 큰 공을 세운 원고나 곽재우 같은 애국지사들을 박해하였습니다. 심지어 명성이 쟁쟁한 의병장 김덕령을 역적으로 몰아 죽이기까지 했습니다. 곽재우와 김덕령처럼 공이 높고 백성의 신망을 얻은 의병장들이 조정에 진출하거나 지역 사회의 지도자가 되면 피고를 따라다닌 것밖에 없는 신하들로서는 두려운 일이니까요.

원균　　여하튼 나는 왜적과 직접 싸운 공로로 공신으로 선정되었으니 그런 정치적 요인을 적용시킬 수 없을 거요.

김딴지 변호사　　과연 그럴까요? 수군으로서 가장 중요한 것은 적의 전함을 부수고 불태우는 것인데 증인과 관련해서는 그런 기록이 전혀 없습니다. 오히려 전국 최강인 경상 우수영의 100척에 이르는 함대와 1만 명에 달하는 수군을 사라지게 만들었고, 백성을 쥐어짜 반란이 일어나게 했으며, 원고 이순신을 모함하여 삼도 수군통제사가 된 다음에는 한산도 기지를 피폐하게 만들었지요. 그러니 원고에게 괜한 죄를 묻고 증인을 그 자리에 앉힌 것이 피고 선조의 실책이 아니고 무엇이겠습니까?

　판사님, 증인은 이순신을 모함하여 삼도 수군통제사가 된 뒤 군력을 약화시켰습니다. 피고도 자신의 입장만 따지며 정말로 공을 세운 사람들을 우대해 주지 않았습니다.

　분위기가 점점 격해지면서 이번에는 피고 측의 이대로 변호사가 자리에서 벌떡 일어났다.

이대로 변호사　　원고 측은 말을 조심하십시오! 증인 원균도 이순신 못지않게 대단히 용맹했다는 사실이 실록에 계속해서 나타나고 있으며 현대에는 증인을 재평가하는 사람들도 꽤 많습니다!

김딴지 변호사　　실록에 증인이 용맹하고 공을 세웠다는 기록이 있는 것은 사실이지만 구체적으로 어떻게 용감했으며 어디에서 무슨 공을 세웠는지는 전혀 나타나지 않고 있어요. 오히려 그 반대의 기

　왜 이순신은 백의종군했을까?

록이 적지 않습니다.

『선조실록』에 "원균이 무리한 형벌을 행하고 잔혹한 일을 저질러 죽은 자가 잇따르고 앓다가 죽는 자도 많아서 원망하고 울부짖는 소리가 온 도에 가득합니다. 이와 같은 사람은 통렬히 다스리지 않을 수 없으니 파직하소서"라는 내용까지 있는 이러한 증인을 등용한 피고 선조에게는 분명 문제가 있습니다.

원균   아니, 이 재판은 어떻게 된 게 나를 증인으로 불러 놓고 이렇게 모욕을 줄 수가 있는 거죠? 이럴 줄 알았으면 나오는 게 아니었는데! 흥.

원균이 불만스러운 표정으로 투덜댔고 원균을 증인으로 부른 이대로 변호사는 곤혹스러운 표정으로 계속해서 이마에 흐르는 땀을 손수건으로 닦았다. 김딴지 변호사는 이에 아랑곳하지 않고 더욱 기세등등한 표정으로 말을 이었다.

김딴지 변호사   그뿐이 아니었습니다! 피고는 증인 원균이 가혹하게 세금을 거두고 청주에 산성을 쌓으면서 백성들을 착취하여 원망이 극에 달하고 심지어 백성들이 살지 못하여 흩어지게 되었어도 아무런 조치를 취하지 않았습니다. 하지만 증인을 포함한 간신배들이 이순신을 모함했을 때는 그대로 받아들였으며 증인을 삼도 수군통제사에 앉히기까지 하였습니다. 이후 증인이 한산도를 급격히 피폐하게 만들고 연이어 패배했을 때도 그 책임을 묻지 않았습니다. 심지어 원고가 피땀으로 이룩한 삼도 수군을 증인이 모조리 왜적에게 바치다시피 했을 때조차 잘잘못을 따지기는커녕 "부하들이 잘못 보좌한 탓이니 그놈들을 붙잡아다 처형해야 한다"거나 "원균의 패배는 하늘의 뜻이었으니 나로서는 어쩔 수 없었다"는 식으로 감싸 주기 바빴습니다! 이것이 임진왜란 당시 조선의 국왕으로서 책임 있는 행동이라 할 수 있습니까?

　김딴지 변호사가 격한 목소리로 외치자 이번에는 옆에 앉은 이순신이 자리에서 일어났다.

이순신　　원균! 당신은 내가 나가 싸우지 않는다고 모함해서 내 자리에 앉은 다음 어떻게 처신했습니까? 맡겨만 주면 즉시 나가 왜적을 무찌르겠노라고 호언장담하다가 막상 삼도 수군통제사가 되자 내가 피땀으로 이룩한 모든 것을 왜적에게 바치고 말았지요!
원균　　아, 그…… 그건, 다시 말하지만, 나는 임금의 명령에 따른 것이었고 그때 적이 너무 많아 도저히 이길 방법이 없어서 그랬을 뿐입니다. 에휴, 나라고 마음이 편했겠습니까?
이순신　　적이 많았던 것은 그렇다고 칩시다. 하지만 내가 건조한 판옥선도 거의 200척에 달하지 않았습니까? 그 정도라면 당시 세계의 어떤 함대와 싸워도 충분히 이길 수 있었단 말입니다! 그런데 그걸 왜적에게 고스란히 바치다시피 하고 말았지요!

김딴지 변호사가 흐뭇한 표정으로 자리에서 일어났다.

김딴지 변호사   존경하는 판사님, 그리고 배심원 여러분! 지금 들으
셨나요? 원고 이순신이 나라를 위해 목숨 바쳐 싸웠지만 피고 선조
는 이를 전혀 알아주지 않았고 오히려 어리석은 판단으로 나라를 위
기에 빠뜨렸습니다. 마지막으로 확실한 증거 자료를 덧붙이지요. 읽
어도 되겠습니까?
판사   네, 하세요.
김딴지 변호사   먼저 원고 이순신이 전사한 노량 대첩에 대해 1598
년 11월 27일에 사관이 정리한 부분을 읽어 드리겠습니다.

사신(사관)은 논한다. 이순신은 사람됨이 충용하고 재략이 있으
며 군졸을 사랑하니 사람들이 모두 즐겨 따랐다. 반면에 원균은
비할 데 없이 탐학하여 군사들의 인심을 크게 잃었고 사람들이
모두 그를 배반하여 마침내 정유년 한산(閑山, 칠천량)의 패전을
가져왔다.

다음으로 전쟁이 끝난 직후인 선조 31년, 1598년 4월 2일의 실록
가운데서 인용하겠습니다.

한산의 패배에 대하여 원균은 사형을 받아야 마땅하다. 왜냐하
면 원균이라는 사람은 원래 거칠고 무지한 인물로 당초 이순신

과 공로 다툼을 하면서 백방으로 상대를 모함하여 결국 이순신을 몰아내고 자신이 그 자리에 앉았기 때문이다. 겉으로는 일격에 적을 섬멸할 듯 큰소리를 쳤으나, 지혜가 고갈되어 군사가 패하자 배를 버리고 뭍으로 올라가 군인들을 모두 물고기 밥으로 만들었으니 그때 그 죄를 누가 책임져야 할 것인가. 한산에서 한 번 패하자 뒤이어 호남이 함몰되었고, 호남이 함몰되고서는 나랏일이 다시 어찌할 수 없게 되어 버렸다. 이 상황을 바라보니 가슴이 찢어지고 뼈가 녹으려 한다.

위의 내용들은 사관이 직접 기록한 것입니다. 역사를 기록하는 사관은 '하늘 아래 사관 있다'고 할 정도로 자부심이 대단했던 관리들이었습니다. 그런데 상황이 얼마나 답답했으면 사관이 가슴이 찢어지고 뼈가 녹으려 한다고까지 했겠습니까?

이대로 변호사　　사관 한두 명이 기술한 것을 가지고 전체를 평가할 수 없지 않습니까? 실록에도 틀리거나 잘못된 기록이 적지 않은 만큼 원고 측의 주장은 받아들이기 어렵습니다. 실록에는 오히려 이순신이 원균의 공을 빼앗았다는 기록도 있는 만큼 원균에게 중요한 책임을 맡긴 피고의 선택은 적절했습니다.

김딴지 변호사　　과연 그럴까요? 피고 이후의 실록에 원고를 극찬하는 내용이 꾸준히 이어지는 반면 원균에 대해서는 전혀 거론되지 않고 있습니다. 특히 효종은 원고가 전사할 때의 광경을 돌이키며 눈물을 쏟았으며 조선 말기까지 한산도 통영의 백성들은 원고의 제

삿날이 되면 모두 상복을 입었다고 합니다. 그뿐인가요? 전국에 원고를 기리는 사당이 적지 않았고, 숙종 대에는 나랏돈을 들여 현충사를 창건하였으며, 일제 강점기에는 애국 지식인과 백성들이 한마음으로 뭉쳐 현충사를 중건한 사실이 있습니다. 또한 서울의 충무로는 원고의 시

충무공 이순신함

호를 딴 것이며 지금도 해군과 해병대는 원고의 후예를 자처하고 있지 않습니까? 특히 해군은 원고의 이름을 딴 전함까지 만들었습니다. 그리고 정조는 1795년(정조 19)에 왕명으로 유득공에게 원고의 일대기를 엮은 『이충무공전서』를 펴내게 하였습니다. 『이충무공전서』는 모두 14권에 이르는 방대한 분량인데, 세계를 통틀어도 왕조가 특정 개인에 대한 기록을 그렇게 방대하게 편찬하게 한 사례가 없습니다.

이대로 변호사 과거의 평가는 그리 중요하지 않습니다! 중요한 것은 지금의 평가가 아니겠습니까? 원고 측이 어떻게 주장하든 원균이 명령에 따라 나가 싸우다가 전사한 사실은 부정할 수 없을 것이며, 원균을 선택한 피고의 결정은 잘못된 것이 없습니다.

김딴지 변호사 그럼 이번에는 증인에게 질문하겠습니다. 과연 증인은 칠천량 해전의 막바지였던 선조 30년, 1597년 7월 16일에 전사한 것이 사실입니까?

원균 흠, 그렇습니다.

김딴지 변호사　　김식이라는 관리가 당시 상황을 기록한 것이 있습니다. 한번 볼까요?

　　15일 밤에 왜선 5~6척이 갑자기 습격해 불을 질러 우리나라 전선 4척이 전소 침몰되자 우리나라 제장들이 창졸간에 병선을 동원하여 어렵게 진을 쳤는데, 닭이 울 무렵에는 헤일 수 없이 수많은 왜선이 몰려와서 서너 겹으로 에워싸고 형도 등 여러 섬에도 끝없이 가득 깔렸습니다. 우리의 수군은 한편으로 싸우면서 다른 한편으로 후퇴하였으나 도저히 대적할 수 없어 할 수 없이 고성 지역의 추원포로 후퇴하여 주둔하였는데, 적의 기세가 하늘을 찌를 듯하여 마침내 우리나라 전선은 모두 불에 타서 침몰되었고 제장과 군졸들도 불에 타거나 물에 빠져 모두 죽었습니다. 신은 통제사 원균 및 순천 부사 우치적과 간신히 탈출하여 상륙했는데, 원균은 늙어서 행보하지 못하여 맨몸으로 칼을 잡고 소나무 밑에 앉아 있었습니다. 신이 달아나면서 일면 돌아보니 왜적 6~7명이 이미 칼을 휘두르며 원균에게 달려들었는데 그 뒤로 원균의 생사를 자세히 알 수 없었습니다.

　　실록에는 증인이 그날 죽은 것 같다는 기록이 있을 뿐 실제로 죽었다는 기록이 없습니다. 그것도 이억기와 최호 같은 장수들이 끝까지 싸우다가 전사하였을 때 증인은 배에서 내려 도주하였으며 왜적들이 증인의 뒤를 따라가는 것까지만 목격한 것으로 되어 있습니다.

　　왜 이순신은 백의종군했을까?

가장 중요한 것은 일본 측의 기록에도 증인의 죽음이 나타나지 않는다는 점입니다. 일본은 전쟁의 모든 과정을 상세히 기록하였으며 특히 공을 세운 부분은 지나칠 정도로 세밀하게 기록하였습니다. 이름 모르는 졸병의 목이라도 누가 어디서 베었다는 것을 정확히 기록하는 자들이 조선의 삼도 수군통제사를 죽였다면 어떻게 했겠습니까? 비록 이순신은 아니어도 조선의 수군을 총지휘하는 삼도 수군통제사라면 비중이 엄청난데, 그 목을 벤 자의 이름과 그 과정이 역사에 길이길이 전해지기는커녕 전혀 기록이 남아 있지 않다는 것은 의혹을 사기에 충분합니다.

판사　　증인이 죽지 않았다는 다른 증거가 있습니까?

김딴지 변호사　　있습니다. 칠천량 해전이 끝난 직후인 7월 26일의 실록에는 권율의 부하인 최영길이 살아 있는 원균을 만났다는 내용까지 나타납니다. 최영길은 원균을 잘 아는 사람이어서 잘못 볼 확률이 거의 없는 데다 원균과 적지 않은 대화까지 나누었다고 합니다. 권율 또한 소문이나 근거 없는 낭설을 보고할 사람이 아니기 때문에 그날의 실록은 충분히 신뢰할 수 있으며, 원균이 죽지 않았다는 증거로 손색이 없다고 판단합니다.

　　모두가 깜짝 놀라 방청석이 매우 소란스러워졌다. 하지만 당사자인 원균은 두 눈을 질끈 감고 입을 꾹 다문 채 고개를 돌려 버렸다. 당황한 이대로 변호사가 상황을 수습하기 위해 얼른 자리에서 일어났다.

이대로 변호사　　본인이 인정하지 않는 이상 사실이 될 수 없으며 증인은 말 그대로 증인으로 나왔을 뿐이니 원고 측에게 더 이상 답변할 의무는 없습니다. 이 법정은 어디까지나 원고 이순신과 피고 선조의 재판인 만큼 본질에 충실하기를 당부드리겠습니다.

판사　　좋습니다. 증인은 그만 퇴장하셔도 좋습니다.

왜 이순신은 백의종군했을까?

명량 대첩의 비결

3

김딴지 변호사　원고는 칠천량 해전을 전후하여 어디에 있었습니까?

이순신　원균에게 나의 자리를 넘겨주고 체포된 것이 1597년 2월 26일이었고 한양으로 압송되어 투옥된 때는 3월 4일이었습니다. 그러다 4월 1일에 석방되어 경상도에 있는 권율의 총사령부로 가서 백의종군하라는 명령을 받았지요.

김딴지 변호사　그런데 그때 어머니가 돌아가셨다는 슬픈 소식을 전해 들었다면서요?

이순신　그렇습니다. 하지만 당시 죄인의 몸이라 제대로 장례를 치를 수도 없었지요. 친구들의 도움으로 장례를 마치고 권율의 총사령부로 간 다음 백의종군하면서도 얼마나 마음이 무거웠는지 모릅니다. 게다가 때마침 나의 후임으로 삼도 수군통제사가 된 원균이 왜적과의 전투에서 패하여 우리 수군이 거의 전멸되었다는 소식까지 듣고 더욱 좌절했지요.

김딴지 변호사　원고의 심정이 말이 아니었겠군요.

이순신　이루 말할 수 없을 정도였습니다. 다급해진 조정에서는 다시 나를 삼도 수군통제사로 임명했지만 그때 나는 몸과 마음이 모두 지친 상태였죠. 생각해 보십시오. 그토록 나라를 위해 싸웠건만 왕의 명령을 거역한 대역죄인으로 몰려 투옥당하고 모든 것을 바쳐 기른 병사들과 함대를 모조리 잃은 데다 어머니까지 돌아가셨으니 그 고통과 슬픔을 어찌 감당했겠습니까? 그때 나는 고문을 당해 당장이라도 부서질 것 같았던 육체보다 조국에 배반당했다는 것이 더욱 고통스러웠지만 나라를 위해 싸워야 했습니다! 내가 아니면 누가 백성들을 지켜 줄 것이며 쓰러지는 나라를 붙들 수 있겠습니까? 명령을 받들면서 이번에야말로 바다에 뼈를 묻겠다는 각오를 몇 번이나 다졌는지 모른답니다!

이순신은 숨을 한 번 고르고 다시 말을 이었다.

이순신　그해 7월 18일에 권율을 만나 상세한 전말(顚末)을 들은 뒤 총사령부를 나왔어요. 가는 곳마다 백성들이 구름처럼 몰려들었고 예전의 부하들이 달려와 "어쩌다가 이렇게 되었나, 원균이 너무나 원망스럽다!"며 통곡하는 바람에 제대로 길을 떠날 수 없을 지경이었지요. 다시 삼도 수군통제사가 된 것은 8월 3일이었습니다. 그

러나 함대는커녕 단 한 척의 전함도 병사도 없었으니 그저 기가 막
힐 따름이었지요. 그런 와중에 당시 경상 우수사였던 배설이라는 인
물이 배 10척을 이끌고 탈출하였다는 것을 알게 되었어요. 나는 너
무나 기쁜 나머지 펄쩍 뛸 지경이었습니다. 각지를 돌아다니면서 수
습한 13척의 판옥선으로 함대를 조직할 수 있었지만, 얼마 전까지만

해도 200척에 달하던 대함대가 겨우 그것만 남았으니 어찌 기가 막히지 않을 수 있겠습니까?

김딴지 변호사　　당시 전황은 어땠습니까?

이순신　　임진년에 이어 다시 상륙한 왜적은 10만 명이 넘는 규모였습니다. 왜적은 군단을 둘로 나누어 북상하였는데 1차 목표는 전라도 전주였습니다. ▶한 군단은 양산 – 밀양 – 창녕 – 합천 – 거창을 경유해서 전라도로 진입하여 전주를 공략하려 했고, 다른 군단은 고성 – 사천 – 하동 – 구례 – 남원을 거쳐 전주로 진격했지요. 처음부터 싸울 뜻이 없었던 데다가 겨우 1만 명도 되지 않던 명나라 부대와 극도로 피폐했던 조선군은 전혀 상대가 되지 못했습니다. 특히 남원성 전투가 처절했는데 8월 13일부터 16일까지 벌어진 전투에서 아군은 말 그대로 전멸당하고 말았으며 왜적은 산 자와 죽은 자를 가리지 않고 귀와 코를 베는 만행을 저질렀지요. 전라도의 상징인 전주가 왜적에게 함락당한 것은 8월 19일이었는데, 어이없게도 지키는 자가 아무도 없었소이다. 겁을 먹은 나머지 모두 달아난 탓이었지요. 그동안 단 한 차례도 왜적이 침입하지 못했던 전라도를 빼앗기게 되었으니 조정은 엄청난 충격을 받았습니다.

김딴지 변호사　　전라도 지역의 전투에서 의병의 지원은 없었습니까?

이순신　　충용장으로 이름 높던 김덕령이 역적으로 몰려 죽음을 당한 뒤로 아무도 의병이 되려고 하지 않았습니다.

김딴지 변호사　　전황을 계속 말씀해 주십시오.

이순신   전주에서 다시 합친 적이 전라도를 차지하려는 목적으로 군사의 일부를 뗀 다음 빠르게 북상함에 따라 우리도 전력을 집결시켜 남하하기 시작했습니다. 우리는 3만 명 정도의 명나라 군대의 도움을 받았는데 일본군에 비해 수적으로 훨씬 부족한 데다 이미 곳곳에서 참패하여 기선을 제압당했기 때문에 거의 승산이 없었지요. 마침내 충청도에서 왜적과 명나라의 주력이 마주치게 되었지만 약간의 접촉을 제외하고는 의외로 접전이 벌어지지 않았습니다.

김딴지 변호사   혹시 왜적이 상륙 작전을 노린 것은 아닐까요?

이순신   바로 그렇습니다! 일본 육군이 명나라 부대를 땅 위에서 붙들어 두고 있는 동안 수군이 뒤에서 육지에 올라오려는 전략이었지요. 조선 육지가 일단 점령당하면 우리로서는 사실상 버티기 힘들어지는 데다가 제 코가 석 자인 명나라는 도요토미 히데요시가 원하는 대로 도장을 찍어 주고 조선에서 발을 빼려 할 것이었습니다. 그러면 경상도와 충청도, 전라도를 잃은 조선은 군이 공격하지 않아도 스스로 멸망했겠지요.

김딴지 변호사   당시 원고는 어떻게 대처했습니까?

이순신   무조건 이기는 것밖에 다른 수가 없었습니다! 도요토미 히데요시의 정복욕을 막아 내고 조국을 멸망에서 구하기 위해서는 반드시 적의 수군을 먼저 격파해야만 했지요!

김딴지 변호사   하지만 전력에서 분명한 차이가 나지 않았습니까?

이순신   우리가 13척인 것에 비해 적은 무려 500여 척에 달했으니 승부는 뻔하였죠. 아니, 13척으로 500척과 싸우겠다는 것 자체가 정말 말도 안 되는 것이었죠. 그러나 나는 이겼습니다! ▶1597년 8월 16일 명량에서 나는 세계 역사에 유일무이한 기적을 이끌어 내었으며 조국의 멸망을 막을 수 있었어요!

김딴지 변호사 13척 대 500여 척이었다고요? 정말 놀랍군요.

이대로 변호사 이의 있습니다. 원고는 지금 거짓을 말하고 있습니다. 자신이 직접 기록한 『난중일기』에 130여 척과 싸워 31척을 격파하자 적이 물러갔다고 되어 있지 않습니까? 그런데 지금은 500척이 넘었다고 말하고 있으니 원고 측 주장의 신빙성을 의심할 수밖에 없습니다.

이순신 그것에 대한 답은 조금 있다가 하겠지만, 불리했던 전황을 일거에 뒤엎으려 했던 도요토미 히데요시가 겨우 130척을 투입했다는 것은 상식적으로 생각하기 어렵지 않소? 또한 31척을 잃었다고 해서 물러갔다는 것 역시 있을 수 없는 일이겠지요.

이대로 변호사 일단 적이 500척에 이르렀다는 근거를 제시하십시오.

이순신 명량 대첩이 벌어진 당일의 『난중일기』에는 정찰을 내보낸 병사가 급히 돌아와 "이루 헤아릴 수 없이 많은 적선이 오고 있다"고 보고한 부분이 있습니다. 그때까지 가장 많은 적과 마주친 것은 임진년에 부산을 들이칠 때 목격된 470척이었지요. 470척을 분명히 식별한 병사들이 고작 130척 가지고 '이루 헤아릴 수 없이 많다'고 보고한다는 것은 생각하기 어렵지 않습니까?

교과서에는

▶ 일본의 제2차 침입이었던 정유재란 때 이순신이 적선을 명량에서 대파하자 왜군은 남해안 일대로 후퇴하였습니다.

이대로 변호사   당시의 병사들은 극도의 공포에 질려 있었을 것입니다. 사람이 공포에 휩싸이다 보면 제대로 판단하기 어렵지 않겠습니까?

이순신   그렇다면 실록을 들여다볼까요? 선조 임금 재위 33년, 1600년 6월 15일의 실록에 "정유년에 울도와 명량도에 왜선이 바다를 뒤덮어 올 때"라는 부분이 있지요. 130척이 상당히 많은 수효인 것은 맞지만 그 정도로 바다를 뒤덮을 수 있다고 생각합니까?

이대로 변호사   그, 그것은…….

이순신   반복하겠는데 정유재란에 모든 것을 쏟아부었던 도요토미 히데요시가 겨우 130척을 투입한다는 것과, 31척이 격파당했다고 해서 물러난다는 것은 있을 수 없는 일입니다. 명나라 주력을 섬멸하고 조선의 절반 이상을 점령하는 데 필요한 병력과 보급 물자를 수송할 함대, 그들을 호위할 전투 함대까지 합치면 500척 이상이 필요하지 않았겠습니까?

    그리고 실록 외에도 적이 무수히 많았다는 기록이 자주 나오니까 더 이상 의문을 제기할 필요는 없을 겁니다. 또한 설령 130척이었더라도 우리의 10배나 되는 규모였으니, 공포에 질린 패잔병을 규합한 13척을 가지고 승리한 것만으로도 세계 역사에 보기 드문 신화로 손색이 없지 않습니까?

김딴지 변호사   휴, 정말 믿겨지지 않는군요. 도대체 어떻게 그런 불리한 상황을 딛고 이길 수 있었던 거죠? 적의 규모에 대해서는 더 이상 논란의 필요가 없는 만큼 당시 원고가 어떻게 이길 수 있었는지에 대해 말씀해 주십시오.

이순신   어떻게든 적을 막아야 했지만 너무나 차이가 났던 관계로 처음에는 그저 암담할 따름이었습니다. 아무리 머리를 짜도 상식적으로 이길 수 있는 방법이 없었어요. 그래서 나는 고심 끝에 아이디어를 하나 냈습니다.

김딴지 변호사   어떤 것이었죠?

이순신   명량은 남해와 서해를 잇는 통로로서 적이 반드시 거쳐야 했던 해협이었습니다. 물길이 좁은 만큼 파도도 거세기 짝이 없었습니다. 시간에 쫓기는 왜적은 반드시 명량의 물살을 타고 공격해 오겠지만 워낙 좁고 물살이 빠르기 때문에 한 번에 모두 통과해 나가기가 어렵다는 문제가 있었습니다. 나는 그 점을 최대한 이용하기로 했습니다. 명량의 출구를 막 지난 우묵한 주머니 같은 해역을 우리가 먼저 차지하고 있으면 적을 궁지에 몰 수 있겠다고 생각했어요. 나는 이 전략을 실행에 옮겼고 일본 전함의 깃발이 보이기를 기다렸지요. 마침내 적이 나타났습니다! 그때 1차로 나타난 왜적의 장수는 구루지마 미치후사라는 인물이었는데 수십여 척을 이끌고 우리 수군에 덤벼들더군요. 정말 기세가 날카롭고 위압적이었어요.

김딴지 변호사   휴, 가슴이 떨리는군요!

이순신   나는 사력을 다해 싸울 결심을 했지만 일부 부하들은 그렇지 못했습니다. 공포를 이기지 못한 장수들이 슬금슬금 물러서는 바람에 주변을 둘러보니 나 홀로 적을 맞아 싸우는 판국이었어요. 내가 겹겹으로 포위당한 것을 본 백성들이 땅을 치고 통곡하던 광경

이 지금도 생생하게 떠오르는군요.

이순신이 지그시 눈을 감으며 당시를 회상하자 법정이 숙연해졌다. 잠시 후 이순신이 번뜩 눈을 떴다.

이순신　　아무리 내가 용맹하고 뛰어난 장군이라 해도 혼자서 수십여 척이 넘는 적을 어떻게 감당할 수 있겠습니까? 나는 병사들의 사기를 드높이고 용기를 북돋워 주면서 모두의 마음을 하나로 단단히 묶었지요.

게다가 적장 구루지마 미치후사의 시체를 건져 올려 목을 잘라 우리 돛대에 매달자 적이 급격히 무너지기 시작했지요. 그때부터는 우리 쪽 사기가 올라갔습니다. 선봉 함대를 깨끗이 물리쳤더니 구경하던 백성들이 너무나 기쁜 나머지 농악을 울리며 한바탕 춤을 추고 뛰었지요.

김딴지 변호사　　와, 정말 놀랍습니다!

이순신　　그런데 농악이 미처 끝나기도 전에 왜적의 두 번째 부대가 밀어닥쳤습니다. 이번에도 최소한 100여 척에 달하는 엄청난 규모였습니다. 하지만 우리는 그 어느 때보다도 자신 있었지요! 우리는 끝없이 밀려드는 적의 함대를 용감하게 무찔렀어요. 나중에는 적도 더 이상 버틸 수 없었는지 물살의 흐름이 바뀌자 물러나기 시작했습니다. 그때 나는 최소 100척이 넘는 적함을 격침시켰으며 거의 2만 명에 달하는 적을 수장시켰지요.

김딴지 변호사　　그 정도 승리라면 우리 민족의 역사상 보기 드문 전과이며, 불과 반나절 만에 거둔 전과로는 세계 역사에 길이 남을 것입니다!

이순신　　그렇겠지요. 한번 생각해 보세요. 불과 13척에 지나지 않는 패잔병으로 당시 아시아 최강을 자부하는 일본의 대군과 정면으로 부딪쳐 모두 물리치고 전쟁의 판도를 뒤집어 버렸으니 어찌 감격스럽지 않겠습니까? 게다가 나는 단 한 척도 잃지 않았으니, 지금도 그날이 감격스러워 가슴이 터질 것만 같습니다.

　　이순신이 회상에 젖은 표정으로 그때의 이야기를 마치자 법정에 감동의 물결이 밀려들었다. 하지만 이순신은 이내 서글픈 표정을 지었다.

이순신　　그런데 정작 가슴이 아픈 건 그다음 이야기입니다. 세계 역사상 가장 위대한 승리였지만 나는 승리의 대부분을 삭제하고 보고할 수밖에 없었습니다.

김딴지 변호사　　아니, 대체 왜 그랬죠?

이순신　　바로 선조 임금 때문이었습니다! 내가 거둔 대승이 그대로 보고되면 선조 임금은 분명 속으로 불편해했을 거예요. 나의 승리는 왜적의 계략에 빠져 나를 감옥에 가두고 원균을 내 자리에 앉혔던 자신의 판단이 치명적인 실수였다는 걸 보여 주는 증거가 될 테니까요. 그러면 나를 밀어냈던 선조 임금으로서는 체통이 땅에 떨어지게 되는 거죠. 나야 왕이 사약을 내리면 어쩔 수 없이 받아야 할 것이고 죽는 것은 그리 두렵지 않지만 내가 없으면 누가 나라를 지킨단 말입니까? 겨우 뒤집어 놓은 전황이 재역전되고 조국이 왜적의 손아귀에 넘어가는 것을 막기 위해서는 아직 나의 힘이 더 필요했고, 그래서 선조 임금을 비롯한 조정 대신들의 견제를 받지 않기 위해서라도 나는 승리를 축소할 수밖에 없었습니다. 이 얼마나 딱한 사정입니까? 휴.

김딴지 변호사 　정말 할 말을 잃게 만드는군요.

　폭로에 가까운 이순신의 증언에 법정이 뒤집어졌다. 방청객들이 선조에게 너무 야유를 퍼부어 법정 경위가 사태를 진정시키려 애썼다. 한참 만에야 소란이 잠잠해지자 이대로 변호사가 발언을 요청했다.

이대로 변호사 　이번에도 원고 이순신은 오직 자신의 능력으로 승리를 거둔 것처럼 말하고 있지만 실은 일본 측의 치명적인 실수가 결정적이었습니다. 당시 일본 수군이 좁은 명량 해협을 군이 통과하지 않고 30척 정도라도 진도 쪽으로 돌아서 갔다면 승리는 일본 수군에게 돌아갔을 확률이 높았습니다. 그러니 이걸 그렇게 높이 평가해 줄 필요가 있습니까? 또한 전쟁이 끝나게 된 것은 도요토미 히데요시가 죽었기 때문이지 명량 대첩의 결과가 아닌 만큼 원고의 주장은 허위에 지나지 않습니다.

이순신 　피고 측 변호인의 주장이 아주 틀린 것은 아닙니다. 일본의 수군은 육군처럼 지휘 체계가 하나로 되어 있지 않고 제각각 행동했기 때문에 분명 빈틈이 생겼지요. 게다가 왜적의 수군은 가문에 의한 집단이나 그들 간의 연합체로 구성되었기 때문에 손발이 척척 맞는 전술을 펼치기 어려웠을 겁니다. 그렇지만 밖으로 돌아가서 조선 수군을 포위하는 아주 기본적인 전술을 사용하지 못한 것은 그들 자체의 큰 문제이자 주요한 패인이었지요.

판사 원고는 그 부분을 좀 더 상세히 말씀해 주십시오.

이순신 내 입으로 말하려니 낯이 간지럽지만 당시 일본에서 나는 신격화되어 있었습니다. 일본인은 내 활약에 지나치게 겁을 먹어서인지 나에 대해 단칼에 수십 수백 명의 목을 베고 하늘을 훨훨 날아다니며 천둥과 번개까지 일으키는 슈퍼맨처럼 생각했지요. 심지어 내가 쳐들어온다는 소문을 듣고 부산에서 대마도까지 헤엄쳐 도망가는 병사까지 있을 정도였지요.

내가 석방되어 다시 삼도 수군통제사가 되자 적들은 여러 차례의 정찰과 도발을 통해 내가 대동한 함대와 전력의 규모를 상세히 파악하기 시작했어요. 거의 신으로까지 추앙받던 내가 겨우 스무 척도 가지지 못한 상태로 나타나자 깜짝 놀랐겠지요. 누구든지 나의 목을 베는 자는 일본 역사에 길이 남을 영웅이 될 테니 모두들 나를 노리고 있었지요. 그런 상황에서 어느 누가 명량을 돌아 가면서 몸을 아끼려고 했겠습니까? 나는 조국의 운명을 판가름하는 전투에서 적에게 제대로 된 덫을 놓았던 셈이었습니다. 전투가 시작되기 전부터 적들을 놀라게 만들었으니 이미 반 이상 이기고 들어간 셈이었지만 준비와 실력이 바탕이 되지 않았다면 결코 승리하지 못했을 테지요. 그게 명량 대첩의 비밀이었습니다.

　이순신의 발언에 소란이 극에 달했던 법정이 엄숙하게 가라앉았다. 감격을 견디지 못한 일부 방청객들이 뜨거운 눈물을 쏟으며 이순신을 연호했다.

이순신　　또한 도요토미 히데요시의 죽음으로 전쟁이 끝난 것도 분명한 사실이지만, 만일 선조 임금이 원균을 내 자리에 앉힌 다음 나를 죽였거나 내가 명량에서 참패했다면 도요토미 히데요시는 좀 더 오래 살았을 겁니다. 도요토미 히데요시의 건강이 결정적으로 나빠진 것은 다 이겼던 전쟁이 나로 인해 좌절당했기 때문이거든요. 심혈을 기울여 짜낸 필생의 계책이 성공 직전에 무산된 데다, 명량에서 상상조차 하기 어려운 대참패를 겪었으니 한번 생각해 보세요. 조선은 물론 명나라까지 정복하여 역사상 최고의 영웅이 되려다가 그 직전에 어이없게 좌절하고 영광은커녕 도쿠가와 이에야스에게 정권을 넘길 위기에 몰렸으니 어땠겠습니까?
　다시 말하지만 선조 임금이 도요토미 히데요시의 바람대로 나를 죽였거나 명량에서 내가 전사했다면 그는 기력을 얻었을 것이고, 그 결과 조선이 어떻게 되었을지는 아무도 장담할 수 없습니다.

　이순신이 담담하게 말하자 이대로 변호사는 더 이상 반론을 제기하지 못했다. 이순신은 계속 말을 이었다.

이순신　　선조 임금 30년, 그러니까 1597년 9월 16일에
대승리를 거둔 다음 나는 일단 뒤로 물러나기로 했습니다.
역사적인 대승리를 거두었지만 체력과 무기의 소모가 극
에 달한 데다 아직도 남아 있는 적이 많았기 때문에 우선 시간이 필
요했지요. 게다가 왜적이 다음번에는 반드시 명량을 돌아서 쳐들어
올 것이 분명했기 때문에 이에 대한 준비도 필요했거든요. 실제로
내가 물러난 직후 적이 명량을 건너 북쪽으로 올라가기 시작하여 전
라도 영광 앞바다까지 진출했습니다.

　적의 지휘부는 어떻게든 육군을 집중적으로 도와서 명나라 지원
군을 따돌리고 육지에서 전쟁의 주도권을 잡고 싶었겠지만 내가 있
는 한 어림도 없었습니다. 그들은 간신히 전열을 가다듬으며 북쪽으
로 올라가기는 했지만 명량에서 참패한 기억 때문에 완전히 겁을 먹
은 상태였지요. 금방이라도 내가 불쑥 나타날까 봐 전전긍긍하여 제
대로 쉬지도 못하는 바람에 기진맥진했을 거예요.

　하지만 결정적인 것은 그들의 육군까지도 기세가 꺾이고 공포
에 질렸다는 점이었습니다. 수군이 명량에서 대참패당했다는 소문
이 퍼지자, 적의 육군은 나에게 제해권(制海權)을 빼앗기는 바람에
보급이 끊겨 굶어 죽을 뻔했던 임진년의 공포를 떠올렸던 거죠. 게
다가 도요토미 히데요시의 건강 상태가 좋지 않다는 것이 공공연한
비밀로 퍼져 있었기 때문에, 적극적으로 싸울 뜻이 없었던 왜적들에

노량 대첩
1598년 11월 19일 조선과 일본이 벌인 해전으로 조선 수군은 이순신이 지휘했습니다. 이것으로 7년을 끌었던 조선과 일본의 전쟁은 끝이 났고, 이때 이순신은 왜적의 유탄에 맞아 전사했지요.

게 명량의 대참패는 철수의 빌미가 되기에 충분했지요.

왜적이 육군과 수군을 가리지 않고 앞다투어 철수하자 나는 다시 남쪽으로 내려가 제해권을 가져올 수 있었습니다. 이후 나는 원균에 의해 피폐해진 조선 수군을 다시 일으키기 시작했어요. 이번에도 나라의 도움은 기대할 수 없었지만 마지막 전투였던 노량 대첩이 벌어질 무렵인 1598년 11월경에는 전성기 시절의 한산도에 버금가는 함대와 전투력으로 키워 놓을 수 있었어요. 그때는 정말 꿈만 같은 나날이었지요. 백성들이 나를 믿고 사방에서 모여들었으며 나는 그들을 다독이며 삶의 터전을 지킬 수 있었으니 어찌 행복하지 않을 수 있겠습니까?

나는 노량 대첩에서도 큰 승리를 이끌었습니다. 다만 이때 왜적의 총탄을 왼쪽 가슴에 맞아 장렬히 전사하고 말았지요. 나는 "싸움이 한창 급하니 나의 죽음을 아무에게도 알리지 말라"라는 유언을 남기고 눈을 감았습니다. ▶마지막 눈을 감는 순간까지도 나는 전투 소리를 들으며 나라의 앞날을 걱정했지요. 나의 부하들은 끝까지 용감히 싸워 주었고, 결국 1592년에 시작되었던 임진왜란은 이렇게 우리의 승리로 막을 내렸습니다.

교과서에는

▶임진왜란은 이후 조선과 일본에 많은 변화를 가져왔습니다. 조선은 왜군에 의해 수많은 백성이 살상당하고 국토가 피폐해져 인구가 크게 줄었습니다. 일본은 이때 조선의 선진 문화와 도자기 기술자 등을 포로로 잡아가 성리학과 도자기 문화가 발달할 수 있는 토대를 마련했습니다.

"아아, 이순신 장군님!"

여기저기서 훌쩍이는 울음소리가 들렸다. 이순신은 지그시 눈을 감고 과거를 회상하며 눈시울이 뜨거워진 모습이었다. 하지만 이때 이순신을 노려보던 선조가 벌떡 일어

나 발언을 요청했다.

선조　　지금까지 나는 왕으로서의 체통을 지키느라 가급적 참으며 이런 입씨름에는 말을 섞지 않으려고 했습니다. 하지만 몇 가지는 꼭 말해야겠군요. 이순신에게 공이 있었던 것을 굳이 부인할 생각은 없지만 조선의 왕은 어디까지나 바로 나였습니다. 전쟁에 승리할 수 있었던 것은 내가 적재적소에 인재를 배치하고 그들로 하여금 잘 싸울 수 있도록 모든 지원을 아끼지 않았던 덕택이지요! 또한 명나라로 하여금 지원군을 파견하게 하고 왜적을 남쪽으로 철수하게 만드는 등의 외교적 성과도 빠뜨릴 수 없을 것입니다. 내가 영광스러운 조의 묘호를 받을 수 있었던 건 그런 공로를 인정받았기 때문이라고 알고 있습니다.

판사　　묘호라고요? 그 점을 좀 더 설명해 주시지요.

선조　　흠! 묘호는 왕이 죽은 뒤에 명망 있는 신하들이 논의하여 바치는 칭호로서 크게 '종(宗)'과 '조(祖)'로 나뉩니다. '종'은 덕으로써 나라를 잘 다스린 왕이 받는 묘호로 세종이나 문종, 성종 등이 이에 해당되지요. 반면 '조'는 나라를 일으키는 데 공이 큰 왕이 받는 묘호로서 조선을 창건한 태조가 대표적인 사례라고 할 수 있습니다. 27명에 달하는 조선의 왕 가운데 '조'의 묘호를 받은 왕은 나를 포함하여 불과 일곱 명밖에 되지 않으니 그것만 보아도 나의 공이 컸다는 것이 입증되지 않겠습니까?

판사　　피고가 역사에 선조라고 기록될 수 있었던 것은 전쟁을 승리로 이끈 공로가 반영된 결과라는 주장입니까?

선조   다른 공도 많지만 아무래도 전쟁을 승리로 이끌어 국난을 극복한 공이 가장 크지 않겠습니까?

판사   잘 알겠습니다. 벌써 시간이 이렇게 많이 흘렀군요. 지금까지 많은 논의들이 오고 갔습니다. 세 차례에 걸친 재판 동안 임진왜란이 일어나기 직전의 모습과 전쟁 당시의 여러 상황, 그리고 원고와 피고의 입장 차이 등 많은 이야기들이 있었는데요, 이 정도면 일단 판단을 내리는 데 무리는 없을 거라고 봅니다. 잠시 뒤에 최후 진술이 있을 예정이니 원고와 피고는 마지막 기회인 만큼 각별히 준비해 주시기 바랍니다.

다알지 기자

　　오늘은 이순신 대 선조의 마지막 재판이
있었습니다. 양측 모두 치열한 공방을 펼치며
재판에서 이기기 위해 한 치도 양보하지 않는 모습
을 보였습니다. 재판 셋째 날인 오늘은 1597년에 있었던 일본의 2차
침입, 그러니까 정유재란 이후의 상황이 많이 논의되었습니다. 증인으
로 선조의 뒤를 이었던 광해군도 나왔고요, 원고 이순신 장군의 영원
한 라이벌로 불리는 원균도 등장해 모두를 놀라게 했습니다. 그러면
이제 모든 재판을 마치고 나오는 양측 변호사를 모시고 소감을 한번
들어 보도록 하지요.

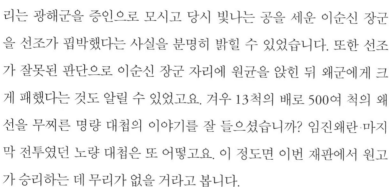

김딴지 변호사

　휴, 지금까지 달려오느라 꽤나 숨이 차는
군요. 역시 국왕이었던 선조를 상대로 재판을
벌인다는 게 만만한 일은 아니었습니다. 그래도 우
리는 광해군을 증인으로 모시고 당시 빛나는 공을 세운 이순신 장군
을 선조가 핍박했다는 사실을 분명히 밝힐 수 있었습니다. 또한 선조
가 잘못된 판단으로 이순신 장군 자리에 원균을 앉힌 뒤 왜군에게 크
게 패했다는 것도 알릴 수 있었고요. 겨우 13척의 배로 500여 척의 왜
선을 무찌른 명량 대첩의 이야기를 잘 들으셨습니까? 임진왜란·마지
막 전투였던 노량 대첩은 또 어떻고요. 이 정도면 이번 재판에서 원고
가 승리하는 데 무리가 없을 거라고 봅니다.

이대로 변호사

벌써 모든 재판이 끝났군요. 정말 쉽지 않은 재판이었습니다. 지난 재판을 돌이켜 보면 아쉬운 마음이 들기도 하지만 당시 선조의 입장은 충분히 알릴 수 있었다고 봅니다. 나라를 일으키는 왕에게 바치던 '조'의 묘호를 받은 것만 봐도 선조가 국난을 극복하기 위해 얼마나 애썼는지 알수 있지 않습니까? 물론 이순신 장군의 활약은 인정합니다. 나라를 지키는 데 매우 결정적인 역할을 했지요. 하지만 선조가 이를 모른 체하며 나라를 위기에 빠뜨렸다는 것은 지나친 주장입니다. 당파 싸움에열을 올리던 신하들 틈에서 얼마나 힘들었겠습니까? 당시의 모든 상황을 고려하여 판결이 나올 것이라고 생각합니다.

왜 이순신은 백의종군했을까?

선조는 왕으로서 책임감 있는
모습을 보여 주지 않았어요
vs
신하들이 당파 싸움만 일삼으니
나랏일을 할 수가 있어야지요!

판사   자, 이제 원고와 피고의 최후 진술만을 남겨 두고 있습니다. 원고와 피고의 발언은 판결에 적지 않은 영향을 줄 수 있는 마지막 기회이니 성실하게 임해 주시기 바랍니다. 먼저 소송을 제기한 원고 부터 시작하세요.

이순신   우선 지금까지 저를 높이 평가해 주고 응원해 주신 많은 분들께 진심으로 감사의 말씀을 전합니다. 만약 내가 살았던 세상이 평화로웠다면 나는 말단 관리로 그저 평범하게 살다 갔을지도 모르지요. 그런데 임진왜란이라는 역사의 한복판에 서는 운명을 맞아 본 의 아니게 사건의 중심에 서게 되었고 적지 않은 비밀을 알게 되었습니다.

    나는 조선의 무관으로서 조국과 겨레를 지킨 것 자체로 만족했으며 그 이상은 바라지도 않았습니다. 그런데 제가 소송을 제기하게 된 것은 더 이상 침묵이 최선이 아니라는 판단 때문이었습니다.

현대에 이르러 여러 사람들에 의해 원균이 재평가되면서 그가 누구 못지않은 영웅이었음에도 나 때문에 빛을 보지 못했다는 이야기가 나오고 있어 답답한 마음이 들었습니다. 그리고 피고 선조가 임진왜란을 승리로 이끈 왕으로 기억되는 것도 그렇고요. 그래서 나는 오랜 침묵을 깨고 그동안 잘 알려지지 않았던 이야기를 전해 줄 필요가 있다고 생각했습니다. 그리하여 역사적 오해를 경계하고 바로잡기 위한 방편으로 소송을 제기한 것이지요.

나를 비롯한 수많은 의병과 백성들이 나라를 지키기 위해 목숨을 아끼지 않았지만 선조는 왕으로서 그런 책임감 있는 모습을 보여 주지 않았습니다. 오히려 나를 투옥시키고 원균을 그 자리에 앉혀 일본에 유리한 상황을 만들어 주기도 했습니다. 그래서 나는 이번 소송을 통해 하마터면 나라를 위기에 빠뜨릴 뻔했던 사람이 누구인지 명백히 밝히고 역사를 바로잡기를 바랍니다. 판사님과 배심원 여러분의 현명한 판단을 기대합니다.

선조　흠, 벌써 최후 진술의 시간이군요. 사실 나는 조선 역사상 가장 불행한 왕이었습니다. 본래 조선은 신하의 힘이 강한 나라였으며 제 목소리를 낼 수 있었던 왕은 몇 명 되지 않습니다. 특히 나의 시대에는 신하들의 힘이 강했던 데다가 나라를 위태롭게 한 당파 싸움까지 시작되는 바람에 제대로 일하기 어려웠습니다.

내가 정여립의 난을 이용하였던 것은 사실이지만 어떻게든 왕의

권력을 되찾기 위한 몸부림이었을 뿐입니다. 그로 인해 무수한 관리가 죽어나가 전쟁에 제대로 대처하기 어렵기는 했어도 이는 신하들이 편을 갈라 싸우며 서로를 증오했던 결과라고 보아야 마땅할 것입니다.

실제로 일본의 정세를 알아보기 위해 파견한 자들까지 당파의 편견을 버리지 못하고 정반대의 보고를 가져왔으니 그래서야 어떻게 올바른 판단을 내릴 수 있었겠습니까? 신하들이 전쟁 중에도 당파 싸움을 계속하고 반대를 위한 반대를 일삼는 바람에 나는 더 힘이 센 당파가 내미는 서류에 도장이나 찍어 주는 수밖에 없었습니다.

그럼에도 불구하고 내가 모든 책임을 짊어져야 했고 이제는 소송까지 당하고 있으니 기가 막힐 따름입니다! 존경하는 판사님과 배심원 여러분, 이 정도면 조선은 물론 역사를 통틀어 가장 힘없고 불행했던 왕이 누군지 명확하게 아셨으리라 확신하며 최후 진술을 마치도록 하겠습니다.

판사   원고와 피고의 최후 진술 잘 들어 보았습니다. 모두들 수고 많았습니다. 그럼 이것으로 재판을 마치도록 하겠습니다. 지금 이 법정에는 보이지 않는 배심원이 있습니다. 바로 이 재판을 지켜보는 모든 분, 이 재판을 책으로 읽고 있는 독자 여러분이 배심원입니다. 여러 의견을 종합해 최종 판결을 내리겠습니다.

땅, 땅, 땅!

역사공화국 한국사법정 재판 번호 33 이순신 vs 선조

주문

역사공화국 한국사법정은 이순신이 선조를 상대로 제기한 직무 태만에 따른 피해와 명예 훼손에 의한 정신적 손해 배상 청구를 인정한다.

판결 이유

이 재판의 원고 이순신은 일본과의 전쟁에서 결정적인 공을 세워 멸망할 위기에 처한 나라를 구해 냈지만, 그 과정에서 총책임을 져야 할 피고 선조의 잘못된 판단과 과실 때문에 나라가 위험에 빠졌고 백성들이 큰 고통을 겪어야 했다고 주장했다. 즉 피고가 원고를 모함한 원균에게 지휘권을 넘기고 원고를 투옥하는 바람에 하마터면 나라를 망하게 할 뻔했다고 주장했다. 반면 피고는 자신에게 제기된 혐의 내용을 대부분 부인하였으며 당시 상황에서는 어쩔 수 없었다고 반박했다.

원고의 주장이 『조선왕조실록』과 『난중일기』 등의 믿을 만한 자료에 근거하는 것에 비해 피고는 자신의 처지와 입장만을 강변할 뿐 원고의 주장을 제대로 반박하지 못했다. 특히 원고인 이순신을 투옥하고 원균을 기용한 것은 피고의 잘못된 판단이었음이 인정된다. 원고의 충성심은 이미 조선 시대에 충분히 입증되었다. 이러한 관점에서 본 재판부는 원고의 주장에 상당한 이유가 있다고 판단한다. 덧붙여 오늘날 대부분의 사람들이 이순신과 원균을 경쟁 관계로 생각하고 두 사람의 대립에 관심을 갖지만 이에 대한 책임은 피고에게 있음을 밝힌다.

마지막으로 교과서에 실린 임진왜란의 경과에 대해서도 잘 알려지지 않은 부분이 있기 때문에 본 법정에서 이 부분을 충실히 다루고자 했음을 밝힌다. 이번 재판을 계기로 그동안 일반적으로 알려지고 사실로 굳어진 사건들이 새롭게 조명되고 진실이 밝혀지기를 바라며 이번 재판의 판결을 마무리하는 바다.

역사공화국 한국사법정 담당 판사 참진리

"왕으로서 조선을 지켜 낸
이 장군에게 미안할 따름이오"

이순신과 선조의 세 번에 걸친 재판이 드디어 끝나고 재판에 참석했던 사람들이 모두 법원 밖으로 걸어 나왔다. 원고 이순신은 쌓였던 말들을 다 해서인지 기분이 좋아 보였다. 이순신을 따르는 방청객들도 환호하면서 현수막을 펼쳐 들고 뒤따랐다. 이순신이 법원 정문을 향하자 철문 밖에서 대기하고 있던 취재진이 구름떼같이 모여들어 카메라 플래시를 번쩍번쩍 터뜨리고 마이크를 치켜들었다.

'찰칵찰칵!'

"장군님! 장군님! 한 말씀만 해 주시죠!"

"선조를 상대로 재판을 끝낸 소감이 어떻습니까?"

와글와글 모인 취재진에 둘러싸여 이순신이 한 발자국 나아가기도 힘들어지자 이순신의 호위병을 자처하는 병사가 팔을 휘저으며 길을 내느라 바빴다.

"어이, 어이, 물렀거라!"

"허허, 이렇게 사람들이 관심을 가질 줄이야…….."

이순신은 한때 왕이었던 선조보다 자신에게 취재진이 몰려들자 무안한 마음에 얼른 빠져나가야겠다고 생각하며 걸음을 재촉했다. 그런데 갑자기 등 뒤에서 선조의 목소리가 들렸다.

"여보게, 이 장군."

모처럼 들어 보는 선조의 부드러운 목소리에 이순신 장군은 깜짝 놀라 고개를 돌렸다. 선조는 회한에 젖은 표정으로 말을 이었다.

"장군, 내가 장군의 충절을 모르는 게 아니었소. 그런데 그대는 내가 그토록 원망스러웠던가?"

"전하……!"

"당시 여러 신하들의 입김에 휩쓸려 내가 그대를 핍박했던 건 사실이오. 하지만 장군도 잘 알지 않소? 당시 당파 싸움에 휘말리며 내 힘이 얼마나 미약했는지를……. 내가 지난 400여 년 동안 장군에게 한 번은 꼭 내 마음을 전해야겠다, 이렇게 생각했지만 그게 쉽지는 않았구려. 왕으로서 신하에게 지난 과오를 인정하는 게 참으로 어려웠다오."

"전하, 그리 말씀하시니 몸 둘 바를 모르겠습니다."

"안 그래도 장군을 생각하면 항상 가슴속의 돌덩이처럼 마음이 무거워지곤 했는데, 어느 날 그대가 접수한 소장이 날아와 더욱 힘들었다오."

"저도 많이 괴로웠습니다."

"세 번에 걸친 재판 동안 나는 어떻게든 나의 입장을 전하려 했다오. 그러다 보니 변명 아닌 변명도 많이 했지만, 이렇게 끝나고 나니 마음이 더욱 착잡하구려."

선조는 주위에 취재진들이 몰려 있는 것도 잊은 채 잠시 먼 산을 바라보았다.

"장군! 지난날 우리가 서로에게 섭섭했던 마음은 이제 모두 털어 버립시다! 내가 잘못했소."

"아아, 전하, 이러신 줄도 모르고 제가 소송까지 걸어 송구스러울 따름입니다."

"사실 후손들이 나에 대해선 별로 언급하지 않는데 장군에 대해서는 대대손손 영웅으로 추앙하고 해마다 장군의 탄생일을 기념하는 행사를 열어 주니 속으로 좀 샘이 나기도 했다오. 광화문 한복판에 있는 장군의 동상을 보시오. 서점에 즐비한 장군의 위인전은 또 어떻고? 게다가 전국에 장군을 기리는 수많은 사당도 있지 않소? 그런데 한 나라의 왕이었던 나에 대해서는……."

"전하, 무슨 말씀을 그리 하십니까? 송구스럽습니다. 그리고 왜 진작 이렇게 따뜻하게 저를 보듬어 주지 않으셨습니까? 이런 마음이신 줄도 모르고 소송을 걸었으니 제가 몸 둘 바를 모르겠습니다."

"허허, 그런가요? 그러면 우리 오늘 밤 한산도에 가서 둥근 달을 바라보며 술이나 한잔 하는 게 어떻소? 그동안 묵은 감정을 모두 털어 버리고 회포를 풉시다."

시청자 여러분, 이순신 장군과 선조가 400여 년 만에 함께 술잔을 나누며 화해를 했다는 소식입니다.

이순신과 선조, 재판을 마치고 극적 화해.

"성은이 망극하옵니다!"

두 사람은 어느새 두 손을 덥석 잡고 마주 섰다. 이 훈훈한 광경에 수많은 취재진은 두 사람을 더욱 에워쌌고, 한 장면이라도 놓칠세라 화면에 담느라 여념이 없었다.

그날 밤.

역사공화국 9시 뉴스에는 이번 재판 소식과 함께 두 사람의 모습이 전파를 탔다. 밝은 표정의 앵커는 한산도 달빛 아래 정자에서 이순신과 선조가 함께 술잔을 기울이는 장면을 배경으로 하며 이렇게 소식을 전했다.

"시청자 여러분, 오늘 모처럼 가슴 따뜻한 뉴스를 전하게 되었습니다. 임진왜란의 주요 인물인 이순신 장군과 선조가 400여 년 만에 함께 술잔을 나누며 화해를 했다는 소식입니다. 지금 경상남도 통영 한산도에 저희 취재 기자가 나가 있는데요, 현장을 한번 연결해 보도록 하겠습니다. 다알지 기자! 지금 그곳 상황은 어떤가요?"

"네, 시청자 여러분! 저는 지금 한산도에 나와 있습니다. 현재 제 뒤에서 벌어지고 있는 선조와 이순신의 연회에서는 보시다시피 두 사람의 웃음소리가 끊이지 않고 있습니다. 지금 이곳은 은은한 달빛 아래 수많은 섬들이 반짝거리는 바다 위에 떠 있고 훈훈한 봄바람까지 불어 더없이 좋은 분위기를 만들어 내고 있습니다……."

소식을 듣고 눈이 동그래진 역사공화국 사람들이 하나둘 텔레비전 앞으로 모여들었고 이내 얼굴에 웃음꽃이 번졌다.

충무공 이순신의 넋이 깃든
현충사

　임진왜란 때 나라를 위해 용감히 싸우다 전사한 이순신 장군. 장군이 돌아가시고 100년 뒤인 숙종 32년에 현충사란 사당이 세워집니다. 바로 장군의 넋을 기리기 위한 곳이지요. 이곳의 이름도 숙종이 친히 내린 것이라 전해집니다. 그만큼 장군을 기억하고 또 존경하는 마음이 컸던 것이겠지요.

　현충사는 1863년 흥선 대원군 집권 당시 폐지되었고, 1910년 일제 강점기에 또다시 수난을 당하기도 했습니다. 하지만 지금은 복원되어 충무공 이순신의 영정이 모셔져 있습니다.

　현충사가 있는 충남 아산은 이순신 장군이 태어난 곳은 아니지만 어릴 때 이곳에 와서 무과 급제할 때까지 살았던 곳으로 장군과 관련된 유적이 많이 남아 있습니다.

현충사의 구본전

　현충사 정문을 들어서서 한참을 가면 가장 먼저 '충무문'을 만날 수 있습니다. 현충사 내부와 외부를 나누는 문이라고 할 수 있지요. 충무문을 지나면 충신이나 효자, 열녀에게 왕이 편액을 내려 마을 입구에 걸어 두는 '정려'를 볼 수 있고, 이어 원래 현충사의 본전이었던 '구본전'을 만날 수 있습니다. 이곳에 걸린 현판이 바로 숙종이 내려 준 것이지요. 구본전을 지나면 붉은 칠을 한 '홍살문'을 지나게 됩니다. 홍살문을 지나 오른편으로 가면 이순신 장군이 활을 쏘던 '활터'와 사시던 옛집을 볼 수 있습니다. 그리고 홍살문을 지나 쭉 걸어가면 충무공의 영정을 모신 현충사 본전을 만날 수 있습니다.

찾아가기 **주소** 충청남도 아산시 염치읍 현충사길 126
　　　　　전화 041-539-4600
　　　　　입장 하절기(3월~10월)에는 09:00~17:30
　　　　　　　　동절기(11월~2월)에는 09:00~16:30
　　　　　　　　(매주 화요일 휴관)
　　　　　참고 http://hcs.cha.go.kr

현충사의 활터

이순신이 살던 집

『역사공화국 한국사법정 33 왜 이순신은 백의종군했을까?』와 관련한 논술 문제를 풀어 봅시다.

※ 다음 제시문을 읽고 물음에 답하시오.

(가) 必死卽生, 必生卽死(죽고자 하면 살고, 살고자 하면 죽는다).

(나) 대장부로 세상에 태어나 나라에서 써 준다면 목숨을 바쳐 충성을 다할 것이요, 써주지 않는다면 물러나 밭갈이하면서 살아도 족하다.

(다) 오늘 우리가 해야 할 일은 단지 나아가 싸우는 것뿐이니 감히 다른 마음을 품는 자는 목을 벨 것이오.

(라) 나라에 충성하려 했건만 이미 죄를 얻었고, 어버이에게 효도하려 했건만 어버이 또한 돌아가셨구나.

이순신의 글

1. (가)~(라)는 이순신이 생전에 남긴 말로 알려져 있습니다. (가)~(라)

중 가장 인상 깊은 말을 골라 그 이유와 함께 쓰시오.

※ 다음 제시문을 읽고 물음에 답하시오.

(가) 한산도에 진을 치매 적이 감히 엿보지 못하고 한 바다를 가로막
으매 그대 힘만 믿었더니 지난해에 패전한 것 원통한 말 어이할
꼬. 그대 그냥 두었던들 그럴 리가 있었으랴. 대장을 잘못 바꿈,
이 나의 허물이라 누구더러 도와 달란들 기운 짐 어이하리. 두
번 다시 부임하여 무너진 뒤를 이어 혼란을 수습하고 군졸을 불
러 모았도다. (······) 사랑홉다 그대여, 공로는 사직에 있고 빛나
는 충성 절개 죽어도 영화롭다. 인생 한 세상에 한 번 죽음 못 면
하네. 죽을 데에서 죽은 이로 그대 같은 이 드물도다.

─선조

(나) 이순신은 백 번 싸운 장군으로서 한 손으로 친히 무너지는 하늘
을 붙든 사람이었다. 그리고 이순신은 재질을 가지고도 운수가

없어 백 가지 재능을 한 가지도 풀어 보지 못한 사람이었다.

— 유성룡

(다) 이순신은 천지를 주무르는 경천위지(經天緯地)의 재주와 나라를 바로잡은 보천욕일(補天浴日)의 공로가 있는 사람이다.

— 명나라 장수 진린

(라) 나를 넬슨에 비하는 것은 가하나 이순신에게 비하는 것은 감당할 수 없는 일이다.

– 도고 헤이하치로 –

2. (가)~(라)는 이순신 장군에 대한 여러 사람들의 평가를 모은 것입니다. (가)는 당시 왕이었던 선조가 남긴 글에서 찾을 수 있는 말이고, (나)는 우리나라의 유성룡이 한 말이지요. (다)는 명나라 장수 진린이 1598년 선조에게 올린 글에서 뽑았고, (라)는 일본의 도고 헤이하치로가 1905년 쓰시마 해전에서 승리한 것을 축하하는 글을 듣고 나서 한 말입니다. (가)~(라)처럼 이순신 장군을 100자 내외로 평가하여 쓰시오.

해답 1 임진왜란이라는 나라의 위기를 맞아 나라를 지키기 위해 자신을 던졌던 이순신 장군. 하지만 나라의 상황은 좋지 않았고, 이순신 장군의 공을 시기하는 사람도 많았습니다. 때문에 이순신 장군은 누구보다 생각이 많을 수밖에 없었지요. 그렇지만 늘 결론은 나라를 위해 충성을 다 바치고 부모에게 효도해야 한다는 것이었습니다. 특히 (가)의 말이 인상적인데, 이렇게 죽음을 두려워하지 않는 마음이 있었기 때문에 많은 일본의 군대를 맞아서도 물러서지 않고 싸울 수 있었던 것이라 생각합니다.

해답 2 이순신은 풍전등화의 입장에 놓인 나라를 위해 자신을 바친 인물입니다. 비록 많은 오해와 모함을 받아 크고 작은 위기를 겪기는 했지만 나라를 향한 충성을 꺾지 않았지요.『난중일기』를 꼼꼼하게 남길 정도로 철저한 준비성을 가지고 대담한 전략을 구사할 수 있었던 조선의 위대한 인물입니다.

* 해답은 예시로 제시된 내용입니다.

역사공화국 한국사법정 33

왜 이순신은 백의종군했을까?

ⓒ 배상열, 2011

초 판 1쇄 발행일 2011년 6월 25일
개정판 1쇄 발행일 2014년 11월 7일
개정판 5쇄 발행일 2021년 7월 23일

지은이   배상열
그린이   조환철
펴낸이   정은영

펴낸곳   (주)자음과모음
출판등록   2001년 11월 28일 제2001-000259호
주소   04047 서울시 마포구 양화로6길 49
전화   편집부 (02) 324-2347 경영지원부 (02) 325-6047
팩스   편집부 (02) 324-2348 경영지원부 (02) 2648-1311
이메일   jamoteen@jamobook.com

ISBN 978-89-544-2333-5 (44910)